ASAOKA X OSHIMA

教えてパスターズ!!

WHAT THE PASTORS!!

WTP!!

WHAT THE PASTORS!!

キリスト新聞社

What the Pastors !!

２人の牧師がメインパーソナリティーを務める、太平洋放送協会（ＰＢＡ）のインターネット限定トークバラエティー。

「クリスチャンのみんなに元気になってもらいたい！」をコンセプトに、語って、笑って、ときには悩んで……。教派、年代を超えた様々なゲストと、普段は見られない（？）牧師のリアルな姿が人気を集めPodcastカテゴリランキング１位も獲得。

２人の牧師がホンキ・ホンネで語ります。

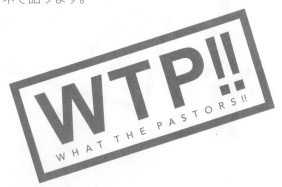

（あさおかまさる）**朝岡勝**
Masaru Asaoka

1968年、茨城県土浦市生まれ。東京基督教短期大学、神戸改革派神学校卒業。岡山、神戸を経て、2000年より日本同盟基督教団徳丸町キリスト教会牧師。２男１女の父。趣味はマグカップ収集、映画鑑賞。阪神ファン。

大嶋重徳（おおしましげのり）
Shigenori Oshima

1974年、京都府福知山市生まれ。1997年からキリスト者学生会（KGK）で学生伝道に携わる。2003年、神戸改革派神学校卒業。鳩ケ谷福音自由教会協力伝道師。キリスト者学生会総主事。１男１女の父。趣味は料理。阪神ファン。

Prologue

なんて牧師だ！ What the Pastors !!

初めての収録は変な感じで終わってしまい、これが2年以上も続くとはとてもとても思いませんでした。しかも書籍化される日が来るなんて。

何がよかったのでしょうか。

寄せられたいくつものメッセージには、「牧師にも友達がいるんですね」「牧師がこんな話し方をするなんて、初めての経験です……」とありました。

日曜日に教会で見る牧師は、黒いガウンを着ていたり、厳かで、敬虔で、「わたしどもは……」とか言っていたりするイメージを持たれているのかもしれません。まさか牧師が「まじか……」「ふざけんな」「んなことないでしょ」など言ったり、鞄や靴やTシャツやマグカップに異常なこだわりがあったり、阪神タイガースについて延々話したりはしないだろうと思っているのかもしれません。

しかしそんなふうに話してくれる牧師の言葉の方が、伝わる場合もありますよね。相談したくなるのは、完全無敵な人であるよりもけっこう脇の甘い、飾らない人だったりします。「なんだ、牧師も自分と変わらないんだ……」「牧師も悩んでいるんだ……。

じゃあそんな牧師の話だったら、聞いてみたい」そうやってWTP!!にはたくさんの相談が届きました。

わたしたちもいつもの日常の言葉で、気取らない、自然な言葉で、信仰の悩みの相談に答えようとしてきました。そうやって出来たのが、この本『教えてパスターズ!!』です。

実はあなたの街にもそんな「なんて牧師だ」がきっといるはずです。見た目は真面目そうに見えるけど、薄い皮をひと皮ふた皮めくってみると「ああ、なんて牧師だ……」その人柄は魅力的で、けっこう笑えるはず。そんな牧師のキャラを面白がってくれたりすると、もっともっと牧師たちも自由になれるんだろうと思います。

長く続いたもう一つの理由は、自分たち自身が収録をメチャクチャ面白がっていたことでしょう。1万人近くに広がったリスナーの人たちは、僕らが笑い転げている時に一緒に笑ってくれました。「ああ、クリスチャンってこんなに面白いんだよね」と一緒に楽しんでくれたからだろうと思います。この本を読んでいただいて、感じてほしいことは、「イエスさまってやっぱり最高なんだ」ということです。

では、『教えてパスターズ!!』始まります。

大嶋重徳

教えてパスターズ!!

罪ってなんですか？
礼拝が眠いです

愛と言うのは
「凄味」があるんです。
血も流すし、すべてを抱き留める。
僕らにはまったく想像しきれない
思いをはるかに越えたところで
成してくれた赦し
それが十字架なんです。

Episode 01
罪ってなんですか？

Q クリスチャンホームに生まれ、ぬくぬくと育ってきました。ですが、今、罪について悩んでいます。はっきり言って、罪ってなんですか？ 罪がわからないと神さまの愛や、十字架についてわからないんだと思います。罪について具体的に教えてください。（10代）

大嶋 朝岡先生、罪ってなんですか？

朝岡 罪ってなんですかねぇ。自分の心の中を覗き込んで見ると……そこにあるものが、罪だなぁって……気がしますね。

大嶋 うん。

朝岡　聖書の言う罪って、関係性ですよね。神さまとの関係が、本来あるべき関係じゃなくなっちゃってる状態っていうかな。よく言われる、**新約聖書の罪っていう言葉は、「的を外す」という言葉**「ハマルティア」ですよね。本来飛んで行く方向に向かわずに、そうじゃない自分勝手なところに飛んで行っちゃってるのが罪だって。だけど、なかなかそれってピンと来ないことがあるかもしれない。

大嶋　そうですね。

朝岡　聖書を読むと、罪って、人間の内にあるいろんな欲だとか妬みだとか、憎しみだとか。自分でも嫌だと思うけど、自分でどうにもできないようないろんな感情だったりする。聖書も言ってるけど、僕らはどっちかっていうとそういうものより外側に現れたもの、誰かに悪口言っちゃったとか、誰かを言葉やあるいは物理的に傷つけたとか、法律に触るようなことをしてしまったとか、そういうわかりやすい罪を想像しちゃう。でもなんにもないところから、急にそういうのって出てこないじゃないですか。

大嶋　そうそう。

朝岡　よく、「自分でもどうしてこんなことしちゃったかはわかりません」とか、

罪
旧約聖書では、「的、道を外す」「失っている」「罪に陥る」を表す「ハーター」の名詞形「ハッタート」が罪と訳される。そのほか、罪の類語として、悪の行為や咎《とが》を指す「アーオーン」、「背く」ことの「ペシャ」、過ちや迷い出ることを指す「シャーガー」などがある。

「つい出来心で」とかって言うけれど。やっぱり心の中にあるんですよね。そういう、汚いものが。

大嶋 僕は16歳でクリスチャンになって。やっぱり、いいクリスチャンになりたいって思ったんですね。だから、いいクリスチャンだと思う人の真似をしようと思って、なんかクリスチャンっぽい感じを演じるんですよ。大学生になったときも、教会の奉仕をしたり、イエスさまのために何かしたいっていう気持ちはいいんだけど、その後ろにいいクリスチャンだと思われたい、いいクリスチャンを演じている自分を褒めてほしいと思う自分がいたり。

朝岡 あるね。

大嶋 そういうふうに言ってくれない人に対して面白くないって感じたり。だから神さまに用いられたいっていうのと、自分が人前で脚光を浴びたいっていう、この否定しがたい二つの感情にとっても悩んだんです。

朝岡 なるほど。赦せない人がいたりだとか、自分を人よりも大きく見せたいだとか。でもどこかで、自分の中でも自分が卑屈になっちゃうような、人との比較で誰

012

朝岡 私50歳ですけども、今でもありますからね。人と比べたりだとか、偽善者ぶったり、大嶋さんよりいいこと言ってやろうとか、いろんないやらしい思いとかありますからね。

大嶋 僕だってありますね（苦笑）。

朝岡 そういう自分だってことを認めちゃうことも、開き直りとも違うんだけれども、そういう僕という人間を神さまが生かしてくれているんだと思うと、自由になりますよね。

大嶋 そうですよね。楽になります。

朝岡 その弱さもその人らしさになるし。それは僕が生きているってことの印でもあるし。

大嶋 いじってもらって、美味しいところになるかもしれませんしね（笑）。

かを妬んだりだとか。そういうのって絶えずつきまとってくるし、自分もそういうのを振り払って生きたいのに、影みたいにピターっと寄り添われてしまうようなことがありますよね。

大嶋 そういう自分が苦しくて、「こんな自分はもう救われていないんじゃないか」ってね。いつまでたってもいいクリスチャンになれないって苦しんでて。そして「俺って、いいクリスチャンじゃないんだよな〜」って、遠くを見る（笑）。「でもこれに気がついている俺はまだまし……」と自分で自分に酔ったり（笑）。

朝岡 ははは（笑）。

大嶋 「いいクリスチャン」を演じる偽善ばかりがうまくなるし、人前で自分を白く塗るのがうまくなっていく自分と、その反動で〝偽悪〟みたいなのが出て来て、わざわざ「俺なんて所詮こんなもんだよ……これでもいいんだぜ！」みたいな、偽悪ぶって。

朝岡 **偽悪ね。**

大嶋 それに酔ってる自分も一方でいたりして。その偽善と偽悪が振り子みた

偽善
みせかけだけの善行。うわべだけ善い人に目立とうとすること　↕偽悪

偽悪
いいクリスチャンぶることの逆さ。悪いクリスチャンぶろうとすること。「俺、こんなんでもクリスチャンなんだぜ」と自分を悪く見せて、自分に酔っている状態。「……でも」クリスチャンとも呼ぶ。

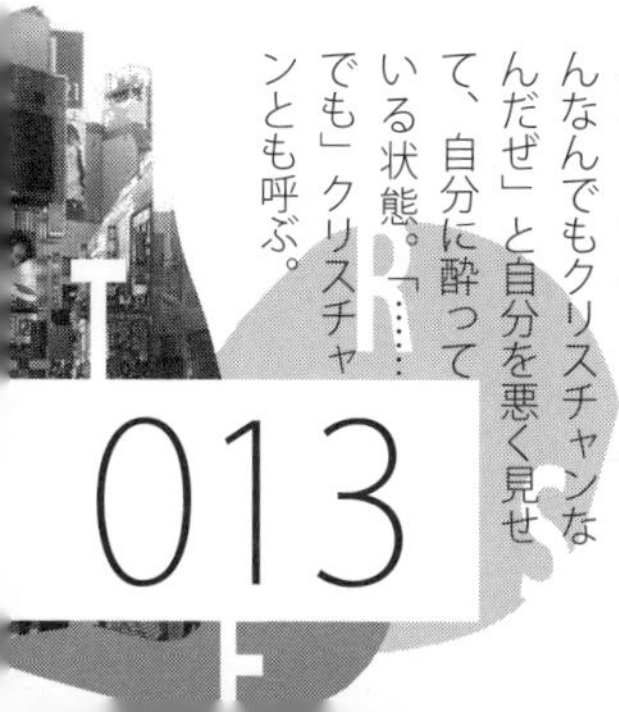

いに行ったり来たりして、それに苦しんだ。19歳だったと思います。私調べの勝手な調査では19歳とか23歳は、けっこう信仰のダメージがくるもんです。

朝岡　そうかもしれない。19、20のころって、人間不信というか、自分も不信で、自分も信じられない。僕もまさにそういう感じでしたね。一方では「俺ってけっこういい感じかも」って思ってたんだけど（笑）。

大嶋　（笑）。

朝岡　でもやっぱり、いかに自分は偽って生きているかって。自分の本当に汚いところに向き合わされるというか。見たくないのに、そういう姿ばっかりが前に登場してきて、逆に周りが見えなくなってくる。その自分をどう克服するかで、悩んだ時期がありましたね。だけど、それを抜けたときに自由になったっていうか。本当に罪がわかると、赦されたってことが本当にわかってくる。中途半端に罪ってことを考えてると、やっぱり救いの喜びも、中途半端だなと思うんですよね。

大嶋　わかります。僕らって、自分がクリスチャンとしてふさわしい人になれるという幻想を抱えていますよね。例えばいいクリスチャンになれるという幻想。でも

朝岡　偽悪って言うと……。ある時行った集会が、いろんな講師の先生が代わるがわるメッセージをする集会だったんですよ。最初の先生が「俺は、昔こんな感じだったんだ」って、プチ悪かった時代の話をしたわけ。で、それの反応が良かったんですよ。2回目の集会で別の先生が出て来たら、「いや僕、今じゃこう見えて、昔はこうだったんです……」みたいな。

大嶋　（笑）。

朝岡　なんか被せてきたぞ、みたいな。そしたら、3回目、4回目も、みんな、どんどん被せていって……。なんかおかしくね？　みんな大丈夫か？　みたいな雰囲気になったことがあった（笑）。メッセンジャーたちよ目を覚ませと（笑）

大嶋　悪キャラをほしがっちゃったんですね（笑）。

必ずそうなれない自分を責めて苦しんで、行きつくところは「しょせん変わらないよね」と開き直ってしまう。そこで一番問題なのは十字架の傍から離れていくことなんだと思うんです。僕らはなかなかいいクリスチャンになれないんだけど、だからイエスさまがいてくださるんだと。だから十字架が必要なんですよ。大切なことはいつだって十字架の傍に居続けることをやめないこと。そして十字架で赦された自分に向かって、なおも神さまが諦めずに「こっちの生き方あるよ」「それは自由に生きる生き方なんだよ」「福音の生き方なんだよ」って言ってくれるから、赦される。さらに言うと赦しに留まるんじゃなくて、赦されたからこそ、立ち上がって、みことばの通りに生きていくっていうことの繰り返しなのかなって思います。

朝岡　罪ってなんですか?って質問してくださったんですけど、僕らもこういう質問を受けて、罪とはああですよ、こうですよと言うけれど。でもここで大事なのは、ある意味葛藤というか、自分の罪と取っ組み合うようなことだと思うの。ちゃんと向き合って、そこで「ああそうか」っていうところは大事。情報として罪って、これこれこうですよって言うのは、まあ言えるんだけど……。

大嶋　実存的[*]に自分の醜さに出会うんですよね。

朝岡　そう。

大嶋　確かに。みことばが言っている基準と、自分自身のどうしようもない現実の間で、ちゃんと悩んで葛藤するってことが大事だと思っています。自分自身の無力さにちゃんと向き合うっていうか、「ああ、自分ってみことばの基準に生きられないんだなぁ。でもみことばは『変われる』って言い続けてくれるんだなぁ」ってことをちゃんと考える。でも大切なことは、その基準に生きられない自分に開き直らずに、ちゃんと赦されやすく生きることだろうなと思うんですよね。

朝岡　なるほど。

大嶋　みことばの求める基準は高いけれど、それでもその言葉に生きられる自分を目指す。罪を犯さない完全な人生なんて、たぶんこの地上ではありえないです。ある罪を犯さなくなったら、その罪を犯している人を裁き始めるという罪を犯したりします。そういう意味では、どこまでも罪は犯し続けるし、みことばとの間で葛藤し続けるし、悩み続けるんだと思います。僕は一生懸命頑張っていいクリスチャンぶってたとき、

＊実存的
独自な存在として自己の存在に関心を持つこと。クリスチャン的に言うと、神の前で問う人間の主体的なあり方。

朝岡　僕も19、20で神学生をやっているころに、それまでの自分の信仰は嘘だ、偽善者だ！　みたいに思えて、それらしく振舞っている自分が嫌になった時期がありましたね。こんな自分はクリスチャンだと言えないなというか。

本当にいいクリスチャンになりたかった。なろうと思ってたんだけど、そうじゃない自分をずーっと神さまから見させられる。特に恋愛とか、性欲の問題とかで。

朝岡　うんうん。

大嶋　でもそういう苦しみを苦しみ続けて、あるときクリスチャンやっていくこと、もう無理だなって思ったんですよ。ある出来事をきっかけに、「ああもうクリスチャン無理だ」って思って。教会にも手紙を書いたんです。「僕はもうクリスチャンをやめます。教会にも行けません。奉仕もやめます」って。それで手紙を出して、クリスチャンやめて、酒ばっかり飲んでたころがあるんです。21歳、22歳かな。それでそんな自分が苦しくて。

朝岡　うん。

大嶋　僕はそのころは、イエスさまのことを思い浮かべても、愛のイエスさまなんか見えなかったんです。いつもイエスさまの顔は、僕を見ながら「お前は、ほんとダメだな」って顔してる。「そんなんでいいのか」って悲しそうなイエスさまの顔しか思い浮かべられないんですよ。ずーっとイエスさまに悲しい思いをさせている自分にヘコ

大嶋　うんうん。

朝岡　でも奉仕とかあるから、仕方なく教会行って、とにかくその時期を悶々《もんもん》と過ごしたんです。でも気づいたら「抜けた」んだなって時があって。今思うと、こういうプロセスは大事だなって思いますね。

大嶋　人間の成長にちゃんと思春期、反抗期があるように、信仰の成長にも思春期、反抗期が必要なんですよね。40、50歳でこじらせちゃうと大変ですしね。おたふく風邪と一緒で、若いときにちゃんと悶々とすることですよね。いい大人、いいクリスチャンになるには、反抗期を通らなきゃいけないし、成長痛ってあるように、成長期に痛みを知ってこそ、今度は、誰かの痛みに寄り添っていくことができるんだと思います。

み続けて。「もう無理だ」って思ってた。でも酔っぱらいながら、なぜか聖書読んだんですよ。なんで酔っぱらいながら聖書読んだか覚えていないんですけど（笑）。

朝岡　（笑）。

大嶋　そしたら聖書に「倒れてもまっさかさまに倒されはしない」（詩篇37篇24節）とかある。でも「うるせぇ俺はまっさかさまだ」とか言いながら（笑）。愚痴ばっかり言いながら読んでる中で、「悲しんでいる者は幸い」（マタイの福音書5章4節）だって書いてあったんですよ。「悲しくて幸せなわけねぇだろ！」って思ったんですが。実はそのころ、恋愛でごたごたして、そのころ付き合ってた女の子に「しげちゃんの愛がわかんない」って言われて、大失恋をしたんです。そのことにもショックだったけど、「しげちゃんの愛がわかんない」って言われて、ああ俺って愛が無いんだなって思ったんです。これまで「愛する天のお父さま」って祈ってた俺の祈りは全部嘘だったのかって思って、すると自分の祈りや信仰にも自信がなくなったんです。

朝岡　う〜ん。

大嶋　でもそのときに「悲しむ者は幸いだ」って読んだ時に、「そんなに悲しくてしょうがないお前のために俺は十字架にかかったんだぞ。そんなお前を愛してんだぞ」って言われてるんだと感じたんです。そしたら、ボロボロ涙が出て来て。「俺、イエスさまのこと愛してるって言えなくなっちゃったけど、好きだったらいいでしょ！」って、枕をぎゅっと抱きしめて、「イエスさま好き！」って（笑）。

朝岡　（笑）。

大嶋　その時に気がついたんです。「お前ってだめだな。そんな信仰じゃあ、だめだぞ」って言ってるイエスさまの顔って、僕が作ってたイエスさまの顔だって。

朝岡　なるほどね。

大嶋　それは自分で自分を見てた顔だったんです。でもイエスさまって、僕がどうしようもない罪人で、裏表あることもいい格好ばかりしてることも、でも本当はいい格好もできない自分を知っていて。知ってて「お前と一緒にいる」って言ってくれる。「ああ、これは幸いなるかな」。悲しくても貧しくても、どうしようもなくても、そういう罪人であるあなたと一緒にいるんだっていうイエスさまと出会ったとき、僕は、十字架が自分のためにあったんだなっていうのがようやくわかったんです。もちろん15歳で信じたときもわかったつもりだったんですが、21歳のときにもっと深くわかったというか。

朝岡　うん。

大嶋　だからクリスチャンって罪を犯さなくなっていくんじゃないと思うんですよ。どんどん自分の罪深さがわかっていく。イエスさまを信じた15歳のときは、ちょっとしか罪がわからなかった。けど19歳になったら、「俺こんなにも罪人か！」と思った。21歳、大失恋をしながら、「ああ、俺の罪ってひどいな。俺が神だったら俺を救わねぇわ」とか思いながら。そうやってどんどん罪がわかればわかるほど、見上げた時に、救いがどんなに大きかったかわかる。ああこんなに救いって「デカいんだ」と。もう救われた喜びに、持ってかれたんです。

朝岡　ほんとそうだよね。**「*罪穢《けが》れがいや増すとも、主の恵みもまたいや増すなり」**って言うけど。反比例の法則ですよね。罪の意識としてはどんどん深まっていくわけ。それだけ救いの恵みはどんどん増し加わっていく。僕はそれが大事だと思う。だから「俺って、最近聖くなったかも」「最近だいぶいい人間になったな」とか。そりゃ

＊聖歌701番「いかにけがれたる」

言いたいけど、でも実際は、「なんて僕は罪深いんだろうと」。

大嶋　うん。

朝岡　例えばね、いずれ地上の生涯が終わるじゃないですか。できたら天国に行きたいですし（笑）。そのとき神さまの前に行って何を言おうかっていうと、「神さま、僕はあなたのために何年働いて、何人導きました。これだけの奉仕しました……」とか、そういうことって絶対に言えないと思うの。

大嶋　言えない。

朝岡　やっぱり神さまの前に立って、何を言えるかというと、「本当にこんな自分を愛してくださって、救ってくださって。本当にそのことを感謝します」ってそれだけなんだろうと思うんですよ。上乗せすることなんにもない。むしろ死んでたような、石ころみたいだったのを拾ってくれて。「お前のために命を捨て、救ったんだよ」っていうのがすべてだと思うと、なんというか、自分はいつもそこに立たせていただきたいというのはありますよね。

大嶋　ほんとですよね。やっぱり10代で、これからどんどん歳をとっていくけど、これから罪を犯さなくなる人生が待っているんじゃなくて、何が罪なのか、よりよくわかっていって、そして自分が罪人だってことがよくわかっていく。*あの姦通の現場で、イエスさまが「罪のないものから石を投げなさい」って言われたら、一番年上の人から、石を置いてその場を去って行ったように、罪がわかっていくことって恵みなんですよね。イエスさまの前に「ほんとにありがとうございました！」って本物の感謝と賛美が生まれていく。

朝岡　子どもの讃美歌で「*ごめんねありがとうイエスさま」ってあるじゃないですか。本当にそのとおりなんだと思うよ。いつもそう思いますよ。毎日、今でも。「イエスさま、ほんと申し訳ない。せっかく救っていながらまたこんな失敗して」。仏の顔も三度までじゃないけどさ（笑）。イエスさまの前に悔い改めすらできなくなる。俺バカなんじゃねぇかって。なんでこうやって毎日毎日同じ失敗繰り返すんだろう。「もうしません、もうしません」といいながら、同じ罪を繰り返す。牧師になって、20数年やってるけど、未だそうですよ。こんなこと言ってるけど、僕の心見たらみんなドン引きですよ。

***ヨハネの福音書8章3節〜**
イエスを試すため、パリサイ派の人々が姦通の罪で捕らえられた女を連れてくる。ユダヤの律法によると姦通罪は石打ちで死罪とされる。

***新聖歌483番「両手いっぱいの愛」**

大嶋　宗教改革者のルターも罪の問題に向き合った人ですよね。
朝岡　そうですよ。修道院に入って、自分の罪の問題に悩んで悩んで……。カトリックだから告解をするんですが、ルターの告解だ

大嶋 僕もです。見た人全員ドン引きですよね。

朝岡 だけど、でもその自分のためなんだと思うと、やっぱりありがとう、ごめんなさい。でも、ありがとう。なんですよ。

大嶋 ほんとに。僕らは「自分だったらこんな自分を赦さない。だから神さまも赦してくれないだろう」って考えやすい。そして教会から、神さまとの交わりから離れていこうとする。「ああ、自分なんかはクリスチャンやっていけない」って思うけれども、そんな自分をなおも愛するから、神さまなんですよね。これは人間にはできない。神業。

朝岡 すごいと思うよ、神さまの愛って。

大嶋 罪ってなんだというときに、「神を神としないことだ」と説明されることもありますよね。では「神を神とするとは何か」というと、自分は自分を赦さないけれど、「この神さまが自分を赦す」という愛を信じて、神を神として、その赦しに身を委ねていくこと。これなんだと思います。

朝岡 赦されるってほんとに、こんなにありがたいことかって、体験してほし

け、とにかく長い。しかも何度もやってくる。そんなもんだから司祭さんたちが、「あいつはやばいから、少し気晴らしさせた方がいい」となって、聖書の勉強でもしろと。そこで彼は聖書の研究にのめり込むんで、その中で「恵みの神」を発見していくんです。

大嶋 自分の功績、自分の努力で救われるんじゃなくてね。

朝岡 そうそう。神の義ってのは、神さまがわたしたちを義としてくださる神の恵みなんだと。

いですね。

大嶋　**そこが僕らの人生を決定づけたんです**よね。それで今こんなことやってる。

朝岡　「放蕩息子の物語」*って臭ーい、汚ーい、どうしようもなくなったような息子が帰ってくるわけでしょ。お父さんそれを見て、「うわっ、こいつ臭ぇ。とりあえず先、風呂入ってこい」とか、言わないんだよね。そのまま抱きしめちゃうんだよね。**愛っていうのは、凄味がある思うんです。**愛ってほわーんとしたものをイメージする人が多いかもしれないんだけど、愛って血も流すし、すべてを抱き留めるというか。そうやって神さま、僕らのこと抱きしめてくれてるんだっていう。その世界は深いなって思います。

***ルカの福音書15章11節～**
イエスのたとえ話。父親の相続財産を、湯水のように使い果たしてきた息子と、その息子を迎える父親の話。

Episode 02 神さまの愛がよくわかりません

Q クリスチャンですが神さまの愛がよくわからないです。頭ではわかっている気はします。けれど実際に想像してみると、代わりに死んでくれるなんて嘘でしょ。と思ってしまいます。神さまの愛にわたしの想像が追いつきません。（10代）

朝岡　これ良い質問ですね。

大嶋　ですね。

朝岡　似たような質問も来ていて。「イエスさまの十字架に架かった意味、愛が壮大すぎていまいちピンときません。わかりやすく教えていただけませんか？（20代）」とか。

大嶋　イエスさまの十字架の愛が壮大すぎてピンとこないっていうのは……素晴らしいんじゃないですか。

朝岡　……うん。

大嶋　逆に、それだけのものなんだってことを考えると、ピンとこないくらいの、想像が追いつかないということが実は正解のような気がしますね。十字架を想像してみると、代わりに死んでくれることなんてあるんだろうかと。でも、もし僕らの想像が追いついてしまったら、その時点で、わたしの想像の範囲内の神になっちゃうし、その神の愛も、結局自分の愛で測りきれる神の愛になる。それに、もし自分の想像範囲内の神だったとしたら、その神は僕のことを救わないなって思うんですよ。

朝岡　そっか。

大嶋　だって、「イエスさま信じまーす！　従いまーす！　ディボーション毎日しまーす！　もう罪悔い改めて、あの罪犯さないようにしまーす!!」って言った先から、「うっそー（嘘）」って、今までした決心を何回自分で覆してきたか。それも、もうなんかそのお祈りをしながら、またあの罪をやっちゃうんだろうなっていう自分自身もいたりするわけですよ。それでもなお神はわたしを赦すって言うのは……。僕だったら僕のこと赦さないですよ。「そろそろ神さま、俺のこと赦さなくなるんじゃないだろうか。だって俺だったら俺を赦さないから」って思っちゃう。

朝岡　確かに。

大嶋　これは僕の想像の範囲内の神ですよね。でもその想像を越えて神は赦す、なお愛すって言うから。それがやっぱり**想像を越えた神の愛**なんだなと思って。だから想像を越えているってことはまず大事なことなんです。

朝岡　そうね。

大嶋　でも一方で、それがピンと来なくていいかっていうと、それはそれで違うと思う。じゃあどうしたらいいのか。それはやっぱり自分の罪がわかることです。さっきの話じゃないけど、もし「あー俺っていいクリスチャンだから、神さまはあいつよりも俺を先に救うよな」みたいなこと自分が言えるかなっていうと、絶対に言えない（笑）。神の愛がわかる前に、ある種の自分への幻滅が先んじて出てくることは、神の愛をわかっていくために通って行くべきところだと思うんですよね。

朝岡　今の、まさにピンとこないってのは、パウロがエペソ書3章19節で「人知をはるかに越えたキリストの愛を知ることができますように」、って言ってるんですけど、「人知をはるかに越えたキリストの愛を知ることができますように」って。これおかしいじゃないですか。

大嶋　矛盾してますよね。人知をはるかに越えてるのに、知ることができますようにってのは。

朝岡　そう、知れないことを知ることができますようにって、そりゃ無理じゃん。だけど、それを知ることができるようにと祈ることは、やっぱり神さまが知らせてくれることなんだなって。

大嶋　向こう側から知らせてくれるんですよね。

朝岡　そうそう。その前のところで、神さまの愛の「広さ、長さ、高さ、深さがどれほどであるかを理解する力を持つようになり、人知をはるかに越えたキリストの愛を知ることができますように」って。ある先生が、広さ深さっていうのは、「パウロはここで神さまの愛という球体の中にいるんだ」と。

大嶋　おお。

朝岡　「そこで見上げて周りを見回し、自分の足元を見て、広さ、長さ、高さ、深さと言っているようなもんだ」って言ってらっしゃって。外側から眺めてただけじゃわからないんだけど。神さまの愛の中に身を置いて、周りを見渡すときに、「あぁ、こんな愛の中で、自分が愛されてるんだ」ってことを、知らされていくというか。だから、**愛されてわかる愛**という世界かなぁと思うんですよね。

大嶋　そうなると、「神の愛の中に身を置くってなんだ？」ってことになりますね。それは、どういうことなんですか？

朝岡　だから、神さまが自分を愛してくださっているってことを、もう認めるってことじゃないですかね。自分の中に愛される理由を探すんじゃなくて、「神がわたしを愛してくださっている」ということをちゃんと承認するっていうか。

大嶋　ふむふむ。でも「神がわたしを愛してくれていることを、承認するっていうのは、リアリティと実感が無いと難しいです」みたいなことも思ったりするのですが……。

朝岡　それは後でいいというか。後からついてくる。神がわたしを愛してくださったんだという事実を認めない限りには、実感がなかなかついてこない。だけど実感を先行させて、愛されてる感じがしたから、「あっ、愛されているんだ」って世界観は逆なんじゃないかなと。絶えず神さまがわたしを愛してるってことが先を行くので、そこに本当の愛の実感が後から感覚においても感情においてもついてくるのかなぁって。そんなふうに思いますけどね。

大嶋　ほかの質問に、「未だにわからないというか、身をもって実感しきれないことがある」ってあるんだけど、そのまま自分の実感を物差しにせずに、愛してるって言ってくれる神さまの「ことば」への信頼から始めることなんだと思う。

朝岡　そうですね。

大嶋　僕ね、神さまの愛の広さ、高さ、長さ、深さって出て来て、高さ深さってのはまさに自分の罪深さの深さと、それを愛してくれる神の愛の高さみたいなのを思いながら、そこにパウロが**長さ**って言っているのが、すごく魅力的だなって思っていて。**愛は時間がかかる**じゃないですか。で、一気に愛がわかるってことはないっていうか。

朝岡　大嶋さんの第一印象はね。アロハシャツ。

大嶋　松原湖（バイブルキャンプ場）だ！　赤いパイナップルの！（笑）。

朝岡　みんなに、「あの人誰……いい人……？」って（笑）。かなり周辺的な情報を集めてから声をかけた気がします。

大嶋　怖いなぁ（笑）。

朝岡　ちょっと僕と違う世界の人だと思ったから（笑）。

大嶋　僕はね……松原湖のワーカー（スタッフ）で、ワーカー対KGKの早朝ソフトボール大会でKGKを叩きのめすことだけを喜び

先生と第一印象どうでしたかって話したことあるじゃないですか。僕らはそこで一気に好きになったりしてない（笑）。

朝岡　一目会ったそのときから好きみたいなね（笑）。

大嶋　そうそう。それは嘘っていうか。最初は「ちょっとわかんない、胡散臭い」ってのから始まったとしても、「この人やっぱりいいこと言うなとか、この人ってこんなとこあるんだ」っていう。愛はやっぱり長さが必要で、人知をはるかに越えた神の愛は、長さを通して教え続けてくださるから、今わからないからって言って、「自分は愛がわかっていないんだ」って早めに決めすぎちゃわない方がいい。

朝岡　そうそう。みんな知り尽くしてないんだから。

大嶋　じゃあ僕は40代になって全部わかったかというと、わかってない。でも、70代くらいで、「うわぁ、イエスさま僕のことこんなに愛してくれたんだ……」って、さらに涙できる70代が待ってることは楽しみにしてて。

朝岡　十字架の話って、教会で必ずされるんだけど。僕がいつも思って言ってきたのは、イエスさまの十字架がどんなに自分のためだったかということを説明すると

にしている、体の大きい人って思ってました（笑）。

朝岡　（苦笑）。

大嶋　でも神学校で会って、先生の本棚を見せてもらったときは、すごい人だなぁと。

朝岡　大嶋さん、神学校入ったときも、赤いアロハシャツでしたよね。

大嶋　ビーサン履いてね。

朝岡　教会に行ったらドアを閉められたって（笑）。

大嶋　「聖書持っていますか？」って言われるっていう（笑）。

きに、「イエスさま、ムチで打たれて痛かったでしょう、釘で刺されて痛かったでしょう、いばらの冠で痛かったでしょう、嘲《あざけ》られてつらかったでしょう……。それだけの痛みをあなたのために味わってくださったんですよ」というある種の、十字架の痛みのリアリティを語ると。

大嶋 映画[*]みたいにね。

朝岡 そう。そうすると「イエスさまあんな痛いことをわたしのために受けてくださったんだ。申し訳ありませんでした」ってことはあると思うんだけど、それが十字架の苦しみの中心かって言うと、そうでないんじゃないかと思うんですよ。

大嶋 うん。

朝岡 そりゃ釘で刺されたら痛いし、槍で刺されたらそりゃ痛いし。僕らなんてちょっと棘が刺さったくらいでイタタタってなるけど、ある意味やりたくないけど、同じように十字架刑になれば、釘を打たれるし、体の意味で言えばある意味追体験できる苦しみだと思うんです。だけど、**イエスさまの十字架上の苦しみってのは、僕らが絶対、追体験できないものだったと思うんですよ。**

映画[*]『パッション』（2004年公開）カトリック信徒としても知られる映画監督、メル・ギブソンの代表作。イエスの残酷な受難、十字架のシーンをリアルに描き、全米初登場1位を記録した。

大嶋　できないですよね。

朝岡　それを突き詰めていけば、父なる神に捨てられるっていう、父・子・聖霊の完全な交わり、調和を持っている三位一体の神さまの中で「わが神、わが神。どうしてわたしをお見捨てになったのですか」とイエスさまが言って、実際に神から捨てられて、呪われた者となって呪いの木に架けられていく。それは、僕らがどう逆立ちして想像を働かせても、僕らの経験している苦しみもどれだけ伸ばしていっても、そういうものではたどり着けない全く別のものっていうかね。

大嶋　経験から予測できない。

朝岡　できない。だから「イエスさま、僕の代わりにあんなに痛い思いをしてくださってありがとうございます」というのは。言い方は間違ってはいないと思わないんですが、本当のところは僕らには全く想像しきれない。**僕らの思いをはるかに越えたところで神さまがイエスさまとの間で成してくれた、それが十字架なんだ**っていう。その凄味というか。

大嶋　凄味。

大嶋　神さまは父という名前を持っておられる神さまで、僕らのことを父親として見つめておられるまなざしがある。そのまなざしに応えて僕らの側は「あなたがわたしのお父さんでよかった！」と喜んで、「お父さんっ！」って言ってる姿が、本当に神さまが望んでいる姿なんだと思います。「罪を犯さないように……罪を犯さないように……」ってビクビクしているよりも、神さまのことを喜んで生きることのほうが大切。

朝岡　そこを僕らの次元に引っ張り込んじゃうと、いい話にはなるけど……。でもそれだけでは絶対に表し尽くせない世界だと思うんですよね。しかもそのイエスさまがわたしのためにとか、あなたのためにとかね。初めて教会行ったらいきなり、「イエスさまはあなたのために死なれたんです!」って言われたら、「いや、別に俺頼んでねぇし」とか、「2000年前なんて生きてねぇし、エルサレムとかゴルゴタとか行ったことねぇし」「恩着せがましく言われても困りますよ」って言うと思う。同じこと言われたら僕も「ほんとにそうだよね」って思うんですよ。そんなことありえない……。

大嶋　ほんとに関係ない。

朝岡　なのに、わたしたちがまだ神さまを知らなかったときに、神さまがわたしたちのために愛を示してくださった、って聖書は教えてくれるんだけど、誰も別に頼んでもいないんだよね。こっちはイエスさまのこと知りもしなかったし。別に死んでくれってお願いしたわけでもないし。だけど、イエスさまがそのわたしのために命を捨ててくださったこと、それが神の愛だ。っていうか。お願いしますってやってくれるだけでも、すげぇ話だと思うけど。

大嶋　頼まれてもないのにね。

朝岡　そうなんですよ。

大嶋　スルーですよね。普通。

朝岡　しかも、人々はお前十字架から降りてみろって言うわけでしょ。僕いつも思うけど、もし僕がイエスさまの傍らにいたらね、「イエスさま、もう降りちゃってくださいよ」と。「もう、言ってやってくださいよ。お前ら誰のためだと思ってんだ」と。

大嶋　確かに（笑）。

朝岡　お願いしてもやってもらえないようなことを、やってもらっておきながら、それを全く恩知らずでいてね。それであーでもない、こーでもないって言うし。でもイエスさまも「こんなんやってられっか！　お前らのためにやってんのに、なんだよこれ！」って言ってもおかしくないのに、「父よ、彼らをお赦しください」って祈るわけでしょ。そのイエスさまの愛を知って信じたにもかかわらず、信じた後だって、僕らは恩知らずなので、そのイエスさまに対して、なんでもっと僕らのこと愛してくれないんですかとか、なんで僕のこともっと大事にしてくれないんですかなんて、言うわけだけど。いや、お前どの口でそれ言ってんの？　って。これだけの愛で愛されておきながら、まだそれ言うかっていう。だから僕らは、ほんとに愛をまだまだ知らないなって思うんですよね。

大嶋　愛を知らない自分を認めることも大事だし。愛って言うのはそんなに簡単にはわかんないんだと。でもわかんないってことに開き直るんじゃない。たとえば、もしイエスさまが十字架上で「じゃあ、降りたらお前ら信じるんだな。降りてやるから信じろよ」って言って、十字架で釘に力入れて、「ふっーん!!」っつったら二本とも。

朝岡&大嶋　**ぽーん!!**（笑）。

大嶋　って抜けて（笑）。そしたら、そこにいた何人かは信じたと思うんですよ。**でも降りちゃったら、僕らは救われなかった**わけですよ。

朝岡　そうなんですよ！　だから「いいの？　降りちゃっていいの？」って話なんですよね。

大嶋　逆に降りないってことで救いが達成するという、人知をはるかに越えたことを神の側はなさったわけじゃないですか。僕らは十字架降りたら信じるとか、「～

してくれたら」とか。例えばこんなこと実感できたら、信じられるっていうんだけど、神さまは「それをしたら信じなくなるぞ」っていう、僕らの弱さも知ってくれている。

朝岡　そう。わかってるんですよね。

大嶋　だってモーセ*がシナイ山で、神さまの臨在が目の前で満ちあふれてウワァー！ってなってる下で、金の子牛の周りでエッサッサー、エッサッサーって（笑）、偶像礼拝始めちゃうくらい、**神さまの愛が目の前に見えていても「それでも足りない」って言うのが、僕らの罪深さ**じゃないですか。そう思うと、神の愛はそれでもなお、僕らが納得いく、いかないを越えたところで成してくださったみわざを信じるかで。

朝岡　そう。すごい世界の話なんだよね。愛とか簡単に言っちゃっていいのかなって思うくらいな、とんでもないことなんですよね。だから「わたし愛がわかりません」なんて言うけど、そんな簡単にわかってたまるかって（笑）。

大嶋　でもこれは、長さのあるってことだから、ちょっとずつわかっていくことでもある。

朝岡　そう。しかも、神さまの愛ってデカいけど、きめ細かいんですよ。一人

***通称「金の子牛像事件」**（出エジプト記32章）
イスラエルの民のはなはだしい背信行為として記されている出来事。イスラエルの民がエジプトの奴隷生活から解放された後、預言者モーセがシナイ山で神から律法を授かっている間に、人々は目に見える神を求め、山のふもとで金の子牛像を造りそれに礼拝をささげた。

ひとりにじゃないですか。全員にドーン！っと送り付けて、ドバッー！っと愛の洪水に溺れさせて、「愛、わかりましたー!!」っていうんじゃなくて。個別に一人ひとりの人生の中で、このときにわかるような仕方で愛がちゃんとわかるというか。そのねぇ、なんというか手の込みよう。もうそれが既に愛だなと思うんですよね。このでっかい愛を、この僕のちっちゃな狭い器にわからせるために、どんだけのものを使ってこのピンポイントのところに注がれてるかって。僕らもこの愛によって、想像力が広げられていくというか。すごい神さま信じてるんだって。

大嶋　すごい神さまですよね！

朝岡　神さまが僕らにイエスさまを与えてくださったって言うのは、「そんだけあんたのこと愛してるよ」ってことで。そしたら、「それホント嬉しい！」ってことがすべての始まりだと思うんですよ。すぐに「わかりました。じゃあわたし何しましょうか」って、言うものでもない。応えなきゃって思って出てくるものって、なんかしんどいものになっちゃいますし。それに、「いい子でないと神さまに喜んでもらえない」「神さまに喜ばれる人にならなくちゃ、褒められる人にならなくちゃ」ってなると、逆にイ

朝岡　〝Walking with Jesus 主に喜ばれよう♪〟って歌あるけど、喜ばれる前に、まずは神さまが本当に自分を愛してくださっていることを喜ぶことですよね。「愛されているあなたにこれ以上素晴らしい宝物はない」ということかなと。よかったと、神さまの存在を喜ぶというかね。

大嶋　僕も親になって、うちの子どもが、「お父さんに喜ばれなければ……お父さんに喜ばれなければ……」とか言って、僕が家に帰ってきた瞬間に、玄関で跪いて「お父さまー！」とかいう姿を見ても、僕は嬉しくないわけです（笑）。僕が嬉しいのは、僕が帰ってきたことを「お父さん帰ってきたー！」っていって、ソファーの上でぴょんぴょん跳んでる息子の姿で。それを見て、「あー嬉しいな

エスさまを与えてくださった喜びも失われていっちゃう。

大嶋　そうですね。無理して絞り出した愛で愛されてもね……。僕ね、自分の息子にプラレールを買ってあげたことがあるんですよ。そうしたら息子が、震えながら「お父さん……なんで僕の好きなものを知ってるの……！」って言って（笑）。もうね、会心の喜びでしたよね！　5歳くらいのときの息子のあの喜びようは、息子以上に僕の方が嬉しかった！

朝岡　父の喜びってそうだと思う！

大嶋　こいつが喜んでる以上に、今俺の方が嬉しいぞっていう。お便りをくれたある人が、こう書いてたんですよ。「クリスチャンとして過ごしていく中で、どんどん神さまが好きになっています」って。僕、この言葉で十分な気がする。

朝岡　いや、ほんとそう思う。

大嶋　だから、僕もどんどんどん神さまのこと大好きになってきたし、これからももっと、大好きになっていくよって言えるし。で、僕らももっと大好きになっていくのを楽しみにしてるから。80歳くらいになっても、「イエスさまほんとすげぇよ」っ

ぁー」って思うんです。

朝岡　イエスさまが子どものようにって言ったのは、純粋だとか、無垢だとか、罪が無いとかじゃなくて、貰ったことを喜ぶ素直さですよね。子どもにプレゼントあげるじゃないですか。クリスマスとか誕生日とか。親ってそのとき、何が喜びかっていうプレゼントを貰って、「やったぁ！　これ欲しかったんだ！」って喜んでる姿が、嬉しいんですよ。貰った子どもが、「こんなのいただいちゃって、これはただじゃいただけません……」とか、「これには何か裏があるんじゃないか」これに込められている裏のメッセージは何かとか考え出したり、「じゃあ倍返ししなきゃ」とか（笑）。そういうのって嬉しくないじゃないですか。貰って「うわぁ！　やったぁ!!」って言ってるのが。

て言えるおじいちゃんでいたいっていうか。なんか、もののわかったじいちゃんでいたくない。

朝岡　ほんとに素朴な一番の原点のところで、イエスさま、僕のために命捨ててくださって本当にありがとうございますと、自分の人生、一言で言ったらもうそれだけだって。「ほんとに、ありがとうございます」しか言えない世界で。他はオマケだもんね。

大嶋　そうですよね。僕ら80歳くらいになっても、フガフガしながら同じようなことを言いって、また、すごいイエスさまを大好きになっていく。イエスさまにとらえられながらの80歳になれたらね。

朝岡　僕も毎週説教をする生活を20年くらいしてますけど。昔は、聖書から気の利いた話してやろうとか。

大嶋　はははは（笑）。

朝岡　みんなが知らなかった聖書の新しい読み方をみんなに見せてやりたいみたいな……。

大嶋&朝岡　親の喜び！

朝岡　そういう視線で神さまは僕らのことを見てくれてるんですよね。その愛を受けちゃったら、それに応えていかなきゃ嘘だよねみたいな。愛されちゃったら負けの世界というか、そういうふうに思います。

大嶋　正直にありがとうございます（笑）。

朝岡　そういうのだったわけ！（笑）。だけど、あるときやっぱそれ違うと。じゃあ自分が何を伝えるかって言ったら、「本当に神さまあなたのこと愛してます」ってことで、神さまの愛ってすごいんだってことを。毎週その話じゃんって思われるかもしれないけど、でもそれを毎週語り続けたいなって、やっぱり思うようになったの。そしたらね、自分も嬉しいんですよ。「俺また同じ話してるな……」って思うけど。

大嶋　「気の利いたこと言ってねぇな」って思うけど（笑）。

朝岡　言ってねぇって（笑）。でも、何が悪いの？　って。だってそれがすべてじゃん。

大嶋　わかる。「この先生、なんかよくわかんないけど、イエスさまのこと好きなことだけはわかんな」みたいな（笑）。

朝岡　そうそうそう。その話になったら「また先生スイッチ入ってんな」みたいな（笑）。

大嶋　「また長くなんぞ～」みたいに思われてね（笑）。

朝岡　うちの教会はアドベントからクリスマスメッセージするんですよ。それまでの講解説教を中断して、毎年シリーズでコンセプトを決めなければいけないんです。けっこういろいろやってきて。

大嶋　徳丸町も16年くらいですもんね。

朝岡　だから、だんだんタマ切れに……。

大嶋　以前、北陸にいたころ牧師から「クリスマス来てくれ。もう出せるものなんにもない」って言われて（笑）。それで行って話したら、とても喜んでくれて「来年もスケジュール押さえてもらっていいか」って（笑）。

朝岡　僕もいろいろやりましたよ。マタイのクリスマス、マルコのクリスマス、ルカの、ヨハネの。

大嶋　福音書4つね。

朝岡 そうそうそう（笑）。でも、だってこれすごいんだよ！って。だけどそれ、いくら言っても言い尽くせないから。それを言い続けたいなって。

大嶋 そしてね。またウルっとしちゃってね（笑）。

朝岡 なんかねぇ、この話してると涙脆《もろ》くなるんですよ（涙）。やっぱりね、愛されてるってすごいなっていう、そういう世界だと思う。

大嶋 10代20代……。まだまだ、もっともっと。ですよ。

朝岡 まだまだ来ますよ、神さまの愛が。

大嶋 だから、待望して……。あ、今なんか気の利いたこと言おうとしちゃってんなぁ（笑）。

朝岡 クリスマス説教も何回やっても種が尽きることなんてありえない！いくらでもくみ出せます！

大嶋 クリスマス説教集出してくださいよ！

朝岡 開けたら全部同じ話とか……（笑）。

大嶋 また同じ話してんだけど、あの先生泣いてると（笑）。

朝岡 ヨセフのクリスマス、マリアのクリスマス、博士たちの、羊飼いの。あとは、「待ち望むことについて」とか、「ことばについて」とか……。大変ですね。

大嶋 僕もラジオ放送「世の光」のクリスマスで「博士たち」をやったんですが、クリスマスで終わらず（笑）。年跨《また》ぎでやりましたね。クリスマスの週を迎えても、まだイエスさまにも出会っていないっていう（笑）。ヘロデが怒ってるところみたいな。

朝岡 そういうのいいですね。今年はそれパク……。

大嶋 （笑）。

朝岡　でもなんか、それが本質だと思うのよ。もう天国行っちゃったけど、そういう先生いたの。毎週の説教で、毎回イエスさまの十字架の話して、毎回泣くんだよね（笑）。

大嶋　ははは（笑）。

朝岡　もういいってくらい（笑）。でも、やらせじゃないんですよ。

大嶋　うん。やらせじゃないんでしょうね。やらせだったら僕らわかるもん。

朝岡　わかるでしょ。でも、感動してるのが伝わってくるわけ。やっぱりすごいなって！

番組ディレクターより

COLUMN｜コラム①

Hiraku Hosokawa

なんて牧師だ！！

「WTP」と通称で呼ばれているこの本の元になっている太平洋放送協会（PBA）のWEB番組ですが、“What The Pastors!!”が正式な番組タイトル。「なんて牧師なんだ！」という意味で造語です。“What's the pastors?”「牧師って何？」じゃないんです。一般的に、教会の牧師として持つイメージにあるような「堅い、黒い（服が）、奇妙」の3Kとはかけ離れているパーソナリティから決めたタイトル。「主は言われる！」なんて言わなさそうな2人ですからね。

別に牧師やパーソナリティーをディスっているわけではないんですが、牧師というと、ほら、僕ら一般人、一般信徒、平信徒と呼ばれる人とは違い、罪に汚れず、悩まず、聖書のことはなんでも知っている……みたいな「聖い！」ってイメージがあるじゃないですか。でもこの2人はそんなイメージをぶち壊してくれるんですよ。番組でスベる時もあるし、某プロ野球球団の話になると熱くなるし、普通にJ-POPとかROCKとか聞いてるし（むしろ讃美歌聴くんですかね？）、豪勢にファーストクラス乗ってるわけじゃないし、牧師やりながら「神さまなぜ？」と思うこともある。そう、僕らと同じ人間、普通のおっさんなんです。なので、“What The Pastors!!” なんて牧師なんだ！ おれらと同じじゃん、っていうこと。

あれ、でもO嶋さん、新幹線のグランクラスには一回乗ったと白状していたので、やっぱり僕らとは格が違う？

Episode 03 セイレイナニソレ

Q 信じてはいますが聖書に出てくる聖霊というものが実はよくわかりません。創造主の神さまやイエスさまはイメージがつくのですが、聖霊となると「霊」？ってなるので、友達にもうまく説明ができません。（20代

朝岡 聖霊ってちょっと難しいじゃないですか。神さま、イエスさまとかだったらわかりやすいけど、セイレイナニソレみたいな。どういうふうに考えたらいいのかちょっと難しい。

大嶋 そうですねぇ。

朝岡 聖書読むと、けっこう聖霊なる神さまについて書いていてくれていて。しか

も、読んでて嬉しくなるところもあるんです。例えばヨハネの福音書とか読むと、聖霊って助け主だ、慰め主だってある。

大嶋　聖霊は「パ*ラクレートス」って言葉でも表現されますね。

朝岡　そう。僕らの傍らにいてくださって、また、僕たちを傍らに呼んでくださる。そして、イエスさまのことをわからせてくれる。そしてイエスさまを信じる信仰も与えてくれる。僕らの中に住んで僕らを神さまに近づけてくれる。そういう内に住んでいてくださる助け主。しかもどうやって祈ったらいいかわからないときに、僕らのために一緒に呻《うめ》いてくれるんだっていう。実は、一番身近なんだっていう。

大嶋　うんうん。僕のイメージする聖霊なる神さまって存在は、隣から片手で肩をグッと抱えていてくれて、もう一つの手は絶えずイエスさまの方を指さして、「お前の見るとこ、あそこじゃん」って。でもその指差す方が見えないときも、その肩に回ってる手は外れなくて、「思い出そうぜ、キリストの言葉をな」って、隣で言ってくれる感じ。

朝岡　わかるなぁ。ベンチで一緒に座ってるみたいな。前に座って、面と向かっていろいろ言ってくれるんじゃなくて。

パ*ラクレートス
パラ（傍に）
＋
カレオー（呼ぶ）
助け主、慰め主という訳があてられる。

大嶋　そう。

朝岡　つらいときとか悩んでるときって、「それって、こうだろ」とか、「こうだよ」とか、いろいろ言ってもらっても、「そうじゃなくて、今は教えてくれなくていいんだよね……」ってなるじゃん。だけど、ほんとの友達って、一番つらいとき、黙って一緒にいてくれる。

大嶋　そうそう。真正面から向き合ってるんじゃなくてね。

朝岡　別に気の利いたこと言ってくれるんじゃなくてね。

大嶋　そう。「でも一緒にいてくれるんだよね。あいつ、あのときいてくれたんだよなぁ」っていう。

朝岡　そうそう、それが聖霊なる神さまってそういうお方だなと思って。あとは、**やっぱり黒子なんですよね。**「俺が俺が」って出てこない。

大嶋　「俺を見ろ」って言う神じゃない。「イエスを見てくれ！」っていう神なんですよね。

朝岡　黒子に徹しているあり方。今の時代って、みんな「オレサマ」じゃない

ですか。みんな自分をアピールしてなんぼで。でも聖霊なる神さまって、ひたすらキリストを証し続けている。そういう固有なあり方っていいですよね。

大嶋　うん。そういう生きざまを、僕らは聖霊なる神さまから学んで、イエスさまを指さす存在でいられたらなって思います。**「俺を見ろ」ではなく、キリストの言葉を思い起こさせてくれる存在。**それで誰かの隣に座りながら、その人が祈れないときも、深*いうめきをもって代わりに祈っていけたらいいなあと思います。

朝岡　そう思います。ほかにも聖書に、聖霊ってわたしたちにイエスさまが教えてくれたことを思い起こさせてくださって、キリストをわたしたちにわからせてくださるってある。第一コリントの12章にも、聖霊によらないと、イエスを主と告白することができないってあるし。

大嶋　ありますね。

朝岡　イエスさまを僕たちにわからせてくださる、証してくださるというのは、一つ大事な働きだと思うんですよ。それと同時に、今度は僕らを使ってイエスさまを証させる霊でもある。ペンテコステってまさにそうで、聖霊によってみんな力を受けて、

***深いうめき**（ローマ人への手紙8章26節）
御霊も同じようにして、弱い私たちを助けてくださいます。私たちは、どのように祈ったらよいかわからないのですが、御霊ご自身が、言いようもない深いうめきによって、私たちのためにとりなしてくださいます。

そして地の果てにまで、イエスの証人となる。だから、僕らはキリストの証人。

大嶋 証言する人ですね。

朝岡 ペテロ*も聖霊を受けた後、自分が見たこと聞いたことを話さないわけにはいきませんってなるんです。そのすぐ後のシーン、僕、いつも感動するんですよ。施しを求めてきた生まれつき歩けない人に、「金銀は我にないが、わたしにある物をあげよう。イエスの名によって歩きなさい」ってシーンで（使徒3章）。前は、「イエスの名によって歩け」ってところに、じんときてたんだけど、あるときからね、「金銀は我に無し」って言ったその彼らの心にね、じんとくるようになったの。

大嶋 なんかわかりますね。

朝岡 だって目の前に助けたい人がいるのに、本当は金銭をあげたいじゃないですか。でも、「わりぃ。僕らお金ないんだ。全部捧げちゃったからないんだ」よと。ある種、切ない。だけど、聖霊が僕らを使ってくれるときに、それが言えるんですよ。

大嶋 もっといいものがあるぜって。

朝岡 だけどその前のイエスさまの十字架の場面読むと、弟子たちってみんな

ペテロ（ペトロ）*
ガリラヤ湖の漁師で、本名はシモン。イエスにスカウトされ、岩という意味のケパ（ケファ、ギリシャ語でペテロ）という名で呼ばれた。イエスがキリストであるという信仰告白や、イエスから天の国の鍵、「繋ぎかつ解く」権威が与えられるなど、イエスの12弟子のリーダーとして活躍する一方、最後の晩餐で「わたしはイエスを決して見捨てない」と自慢げに宣言した数時間後に、イエスを裏切ってしまうような残念な一面も。伝説によれば、ネロ帝の時代に、信仰を貫き逆さ十字架にかけられ殉教。現在、彼の墓とされる場所の上にバチカン、サン・ピエトロ大聖堂が建てられている。

総崩れなんですね。ビビっちゃうし、逃げちゃうじゃないですか。

大嶋　「イエスとか知らない、知らない」って。

朝岡　そうでしょ。グダグダもいいところ。ここで頑張んなきゃってところで、みんな総崩れなんですよね。これ、僕はいつも思うんだけど、そもそもイエスさま、なんであの12人だったんだろう。「どういう選び方ですか？」と。

大嶋　履歴書もらって面接とかしてもっとイケてる人をね。選べばいいのに。

朝岡　（笑）。弟子たちもなんでホイホイついて行ったんですかね。

大嶋　湖で網を洗ってたおじさんがね。

朝岡　「ちょっとおまえ、俺んとこついてこい」みたいな話でしょ。呼ぶ方も呼ぶ方だけど、行く方も行く方で。

大嶋　そうそう。家族もいるわけなのにね。

朝岡　それで漁師稼業はもういいや、と。この人について行ったら一儲けできそうだみたいな。

大嶋　ちょっとあぶないおじさんたちですよね（笑）。

朝岡 そんなおじさんたちに、復活されたイエスさまは、「おまえらだ」と。「全世界に出て行って福音を宣べ伝えなさい」って言うんです。僕がもしそこにいたらね。「いやいや、それ無理でしょ。何言ってんですかイエスさま。僕らこのガリラヤの田舎っぺなのに、そんな全世界とか行けるわけないじゃないですか」って言うと思うんですよ。「無理だよねぇ、おまえらさ」ってふり向いたら……みんなすっかり行く気になってる（笑）。

大嶋 はははは（笑）。

朝岡 えぇっ！ なになに……?? って感じですよ。だけど、聖霊を受けたら、行っちゃうわけですよ。「えっ。あっ、行くんだ……」

大嶋 おまえら、そんなやつらじゃないじゃんって（笑）。

朝岡 でもね、あのシーンもいつも感動するの。弟子たちも人生を計算したんだったら絶対選ばない道だったわけ。人生設計、生涯年収いくらで、子育てにいくらかかるか、老後の積み立て、親の世話。家も欲しいし。船はなんぼで売って……みたいな。それで計算したらイエスさまに従うってことにはならないと思うの。でも彼らはね、行くんですよ。

大嶋　損得で考えずにね。

朝岡　それで行ったらいいことあったかっていうと、ヤコブは剣で殺されたとか、そういう話でしょ。一見彼らの人生はなんだったのかって思うけど、やっぱりね、イエスさまの復活と十字架見ちゃったら、そうするしかないんですよね。聖霊ってそういう、あり得ない人生を与えるんだなって思うわけです。

大嶋　聖霊が降って、聖霊に満たされちゃうと、今まで金銀だと思ってたものが、いやもうそれは塵《ちり》あくただってなるんですよね。

朝岡　ほんとそんな気がするんですよ。

大嶋　そういう僕らも**聖霊なる神さまがいてくれたから、ずっとイエスさまを信じ続けられたん**ですよね。そうやって、イエスさまの方に顔を上げさせてくれる神さまが聖霊ですね。

朝岡　あとほら、僕らの内に住んでくださる神さまですから。僕らの存在、固有性、僕なら僕、大嶋さんなら、大嶋さん。そういう一人ひとりの存在を活かしてくれる存在。だから僕らが食べるとか飲むとか、起きる、寝る、勉強する、遊ぶ、働くとか、そういうことをちゃんと意味あるものにしてくださる。自分が生きてていいんだって思えるしね。

大嶋　聖霊なる神は、僕らに内住してくださる。内に住んでくださる神さまだから、**僕らの中で、こういうことやりたいって思うときも、その思いを知ってくれて、「いいじゃん」**って言ってくれる神さま。

朝岡　志を立てさせ、行わせるのは神さまだからね。僕らって、自分のやりたいことだったら、これはきっと神さまの計画と違うものってすぐ思っちゃうけど。

大嶋　「これは肉の思いだ」ってね。

朝岡　そうやってすぐに分けちゃうんだけど、僕らの内に願いを起こさせるのも神さまだとなれば、自分がこうしたい、こういうふうに生きたい、こういうことをやってみたいというのも、そんなに最初っから否定しない。

大嶋　全部ダメ出しせずにね。

朝岡　その思いをよーく見つめて、もしそれが「自分を誇りたい。威張りたい」とかだったら、聖霊が与えてくれる思いであれば、きっとそうならないはずですよね。

大嶋　そこを吟味していけるのも、聖霊なる神さまのありがたいところですよね。自分の中に起こってきた思いなんだけど、果たしてどうなんだろうかという自己吟味が生まれる。でもさっきから言っているように、聖霊なる神さまは自己実現、自己アピールの神じゃないから、自分の思いをも精錬させてくれるんですよね。

朝岡　今まででも、「みこころってどうやったらわかるんですか?」っていうことも聞かれたことがあるんですけど。聖霊なる神さまに本当に信頼していくと、「とにかく全部見通しが立ったら動き出します」みたいな、みこころの求め方じゃなくなる。聖霊によって日々生かされながら進む中で、選び取ったり、何かを捨てたり、選択したりしていく中に、生きていくことそのものが聖霊によって歩むってことに繋がっていくんじゃなかと。そう思うと、失敗とか回り道とか、「こっちの道間違えた! 引き返そう!」それも、聖霊なる神さまの導きの中で起こされたことなんだと。

大嶋　聖霊なる神さまは慰め主だから、僕らの感情とか感覚なんかも、神さまの働きかけによって平安が与えられたり。でも一方で「神さまなんでですか!」ってことも祈っていいというか。そういう嘆きの祈りをも受け止めてくださる。

朝岡　そうそう。聖霊が呻いてくださるっていうね。

大嶋　うん。聖霊がね。

朝岡　この前、ある人が僕のところに「先生質問があります」って来られたんですよ。その人は、まだ教会に来て信じるようになってからそんなに経ってないんだけど、詩篇を毎日読んでいるんだと。

大嶋　おお。

朝岡　詩篇を読んでいたら、いわゆる敵に復讐を求めるような詩篇があるんですよね。感謝だとか賛美とかだけじゃなくて、嘆きとか、呻きとか、敵に「神さま、仕返ししてください」みたいな祈りがあって。それを読んで、びっくりしちゃったんだと。こういう感情が信仰の中に位置づけられるのかって、僕のところに聞きに来てくれたのね。僕はね、そもそも詩篇を読んで、そこに彼の心が向いたってのがすごく嬉しかったの。「そうかぁ！　いいとこ気づいたねぇ！」みたいな話で。

大嶋　いいですねぇ。

朝岡　やっぱりね、神さまにはこういうことは言っちゃいけないとか、神さま

にはこれは持っていけないとか、そんなものはないんだと。

大嶋　ない。

朝岡　呻いたり、嘆いたり、弱音を吐いたり、神さまにはこれは言えないとか、『あの人やっつけちゃってください』みたいなことは言うもんじゃない」「聖書の信仰はそんなんじゃないよ」って言われちゃったら……。でも、人間にはあるじゃないですか。

大嶋　あります、あります。

朝岡　そういうとき、これは神さまのところに持っていけないってなっちゃったら、結局他のところに持っていくんだよね。でもそうじゃない。神さまとの祈りの中では、こんな呻きだとか、「神さまどうにもなりません、お手上げです！」とか、自分の怒りだとか。そういうものも持っていける。それはある意味での浄化作用ですよね。面と向かって大嶋さんに「大嶋、こんちくしょう！」って言うのはよくないけど。祈りの中で、「神さま、昔大嶋さんが巨人ファンだったのが、未だに赦せません……」

大嶋　（笑）。

朝岡　でも、それを神さまの前に持っていくと、僕を神さまが聖霊によって変

朝岡　大嶋さんとわたくし阪神タイガースファンでして。
大嶋　はい。
朝岡　最近聞いた衝撃の事実なんですが、そんな大嶋さんは改宗組だとか……。

えてくれるんですよ。

大嶋　赦そうかなって。

朝岡　もう、いい！　大嶋さんかつて、巨人ファンだったけど、もう主にあって俺は赦す！　って。

大嶋　（苦笑）。そういう変化が自分の中に起こるんですよね。相手は変わらなくても。

朝岡　そうそう。だからね、聖霊ってすげぇなって。

大嶋　そういう意味では、いつも僕らを正直にしてくれる。

朝岡　飾らなくていいし。そもそも内に住んでるから全部わかってるしね。

大嶋　バレてるんですよね。「もう俺、わかってるんだからさ。正直になろうよ」って言ってくれる。

朝岡　で、隣で、こう……。そういう感じですよね。

大嶋　そうですね。そういうありがたいというか、見捨てない、神さまに支えられたペンテコステ。

大嶋　……しょうがないっす。京都の福知山にね、阪神戦やってるテレビ局なんてないんっすよ。全部巨人戦っすよ。

朝岡　まさか……！

大嶋　もう言いますよ。僕は巨人の篠塚が好きで……。

朝岡　……衝撃の事実。

大嶋　家で迂闊《うかつ》に喋っちゃったりすると、息子に「お父さん正気か」と（笑）。

朝岡　今までに感じたことのない距離感を。大嶋重徳を本当に信用していいのか……。

大嶋　（笑）。結婚した後、妻が熱狂的な阪神ファンだったので自分は改宗しようと……ということです（笑）。

朝岡　そうすると僕らも、人との関わり方、本当の友達って何かなってことを、聖霊の神さまのあり方から学ぶというか。「僕は、わたしは、○○ちゃんのために何もしてあげられない」って、クリスチャンの若い子たちって、過剰な愛というか友情を考えやすいじゃないですか。

大嶋　ありますね。

朝岡　だけど、別にただ黙って隣にいてあげるってことでもいい、愛ってそんなことかなって。時間をその人のために割けるというかね。なんかこう共にいることがね。

大嶋　気の利いたことを言わなくてもね。またその人から感謝されたい、自分のやったことを報われたいってことからも解き放たれるんです。

朝岡　それに聖霊なる神さまって、誰でも使うんですよね。わたしなんて役に立たない……なんて人、一人もいない。

大嶋　そう、いない。

朝岡　人の使い方知ってるんだよね、神さまは。野村再生工場*みたいなね。

大嶋　野村再生工場って（笑）。誰もわかんないっすよ……。

***野村再生工場**
ヤクルト、阪神、東北楽天の監督を歴任した、元プロ野球監督、野村克也の采配

朝岡　わかんないかな？（笑）。もう、自由契約になっちゃったようなピッチャーでも、野村監督がやれば、一軍で投げるわけよ。だからどんな人でも、神さまがちゃんと再生工場で！

大嶋　信じて間もない人でも、一度離れて教会帰ってきたばっかりの人でも、そういう人だからこそ、使えるところあるって知ってるしね。

朝岡　離れた人の気持ちもわかるんだもんね。

大嶋　あと大切なのは、聖霊なる神は、教会を生み出された神さまってこと。

朝岡　**ペンテコステ***ですね。日本じゃペンテコステってなんかかわいそうじゃないですか。位置づけ的に。クリスマス、ドーン！　最近はイースターもドーン！

大嶋　最近じゃ、ディズニーランドもイースターやってくれてますからね。

朝岡　それで次、俺の番かと思ってたら……ハロウィンとか（笑）。

大嶋　ペンテコステ、大事な日ですからね。まさに教会共同体が生まれた教会の誕生日。クリスチャンもペンテコステの意味を理解して、せめて教会ではちゃんとお祝いして、聖霊なる神さまが来てくださったってことを感謝していないといけないです

スタイルの呼称。伸び悩む選手や他球団で戦力外となった選手、トレードで移籍してきた選手などを、起用法を変えて活躍させた事から、世間から「野村再生工場」と呼ばれた。

***ペンテコステ**
聖霊降臨。使徒の働き（新共同訳では使徒言行録）2章に記されている、イエスの弟子たちほか120人に神の霊である「聖霊」が降った出来事。伝統的に教会が成立した日とされ、イースター（復活祭）から50日後（復活祭日を含む）の日曜日に祝われる。ヨーロッパの教会では、炎の舌を象徴しバラの花びらを撒いたり、風の音を現して式中にトランペットを鳴らすなど、国によってさまざまな祝い方がある。

よ。だって聖霊なる神さまがいなかったら、信仰は続かないわけですからね。

朝岡　そうですね。

大嶋　そう思うと、教会の中で「気の合わない人がいるな」とか、「なんなんだあの人」って思って、そこに躓《つまず》いたりヘコんだりすることがあっても、あの人の内にも共にいてくださる神さまがおられるんだったら、そしてやっぱり自分にも、共におられる神さまがいるということは、気の合わないあの人と今日も一緒にいることなんだなって（笑）。

朝岡　その人の内にいる聖霊に信頼する。それって人を受け入れたり、わかり合っていくときの共通の大事な足場だと思うの。全員、お互いを好きになれって言ったら難しいんだけど、「あの人の内に住んでいる聖霊は、僕の中にもいてくださる」って。

大嶋　そう。そして**自分の信仰にいくら絶望しても、この聖霊なる神さまはわたしと共にいてくださる。**そして「あなたは、キリストと共にいる」って言ってくださる。これは、神の側の宣言だから。自分の中のリアリティーを越えて、連れて行ってくださる神さまに信頼して、そして教会の中の交わりに居続けることができたらね。そういう生き方を指し示してくれるのも、聖霊なる神さまですよね。

朝岡 そうだよね。交わりを作り、建て上げてくれるというか。日本ではペンテコステは地味ですけど、華やかじゃないという聖霊のあり方に沿っているんだね。

大嶋 ペンテコステってのは、華やかじゃない。でもそれは、聖霊なる神さまの望まれてる姿なんですね。

朝岡 それを、無理やり引っ張り出して、ペンテコステ推しで！ なんつって言ったら「いやいや、俺そんなんじゃないから」って。それかっこいいじゃないですか！

大嶋 かっこいい！ そういうところに、わたしたちの生き方が似せられていくんですからね。常にそっちの道筋に歩いていきたいです。

Episode 04
洗礼は受けなきゃいけないの？

Q

ローマ10章9節でイエスさまを主と信じれば救われるとありますが、信じるだけじゃだめなんでしょうか。洗礼は、必ず受けなければいけないものですか。福音書では、イエスさまがバプテスマを受けるシーンがありますが、これはどういう意味ですか？ メッセージでは、よく模範のためと言いますが、誰の何のための模範ですか？ 神の子であるイエスさまが受ける意味がわかりません。

（20代）

朝岡 なるほど〜。

大嶋 先生はなんて洗礼のことを教えていますか？

朝岡 僕の洗礼のきっかけはですね。中学生のころ、

朝岡　まず、罪が洗われる。そして、僕が一番大事だなと思うのが、聖書の言葉にある聖霊によって証印を押されるってこと。イエスさまによる救いのみわざが確かにわたしたちの内にもたらされて、「あなたの罪はきれいに赦されて、神さまの子どもになりましたよ」って聖霊なる神さまがわたしたちに証印を押してくれることですよね。夏にうちの教会の教会学校のキャンプで、まさにこの洗礼をテーマにしたんです。

大嶋　おお。洗礼を。

朝岡　そのときに僕が言ったのは、「お家に宅配便来るでしょ。荷物受け取るときになんかするよね」そういうと、子どもたちも、「ハンコを押す！」「名前を書く！」って言ってくれて。「あれって何のためかわかる？　ちゃんと荷物を受け取りましたってことだよ」って。ハンコを押す、サインをするのは、受け取りましたという領収のサインで、洗礼を受けるというのも、イエスさまを信じて主と告白して救われたということを、神さまが「あなたはわたしのものになりましたよ」「あなた救われましたよ」ってハンコを押してくださったということとって話したの。

大嶋　神さま側のね。

バイブルキャンプでして。お風呂でキャンプの講師につかまって、けっこう長い話が始まってですね……。

大嶋　風呂で（笑）。

朝岡　洗礼について聞かれて。「まだ罪がたくさんあるし、聖書のこともまだよくわかってないので、受けてません」って言ったら、「それだったらいつまでたっても受けれないぞ。洗礼を受けるのは入学式みたいなもんだ。イエスさまを信じてるんだったらスタートを切りなさい」と。そう言われたのがきっかけで。

大嶋　なるほど。それが風呂場で。

朝岡　かれこれ30年経ちますけどね。牧師になってからはキャンプに行けば長風呂ですよ。風呂で張ってますから。

大嶋　（笑）。

朝岡　そう。だから自分の気持ちだと、「今日はクリスチャン。今日は信じてる感じ」とか。「今日はイマイチ。救われてないかも」なんて揺れ動いちゃうんですけど、「もうハンコ押されてますから、救いは確かですよ」というふうに聖霊が押してくださったことの、目に見える現れが洗礼ということかな。そんなことをいつも思っています。

大嶋　僕は「なんで洗礼受けなきゃいけないんですか?」って聞かれると、僕らはイエスさまを信じて、最後の最後にやってくる終末、終わりのときにキリストの花嫁になるんだと聖書に書いてある。だからイエスさまを信じるってことは、この花嫁になるっていう、婚約期間がスタートしていくことなんだと。つまり「信じたよ」って言うのって、「わたし、彼氏キリストなんだよね」っていうことを、公にすることなんだと。そして洗礼を受けるってことは、この人が彼氏なんで他の人には行きませんっていう約束を結ぶこと。そしてオープン（公言）にすること。

朝岡　ほほう。

大嶋　なので「洗礼を受けなくても、信じてるだけだったらいいじゃないですか!」って言われると、いや、もし自分が付き合ってる相手の人に、「俺たち付き合って

大嶋　朝岡先生のイエスさまってどんなイメージですか?

朝岡　よくあるのはロン毛に髭ですよね。弟子たちはけっこうどんくさい感じで。ペテロとかは、なんていうかザ・ペテロ。岩みたいなね。

大嶋　岩感?（笑）。

朝岡　そう、岩感出したり、けっこう漁師っぽい二の腕を強調したぴっちりしたTシャツで、「俺鍛えてるぜ」みたいな感じの男たちの中に、イエスさまがシュッとね。

大嶋　シュッと（笑）。

朝岡　しかもね、みんなはグレー系とか茶色系の服なのに、ひとりイエスさまだけ白で登場するんですよ。だからちょっと打ち合わせと違くね? と。

大嶋　「なに自分だけ白いの着てんだよ」みたいな。

朝岡　「明日の伝道旅行、朝9時集合で、けっこうハードだから汚れてもいい恰好で来てね」って言われるわけですよ。

るんだけど、誰にも言うなよ」って言われたら、これ、不信感しか生まれないでしょ。「えっ、何？ わたしと付き合ってるの恥ずかしいの？」という意味になる。「本当は、他に二股かける可能性を残しておきたいと思ってるんじゃない？」という不信感を相手に与えることとなる。

朝岡 うんうん。

大嶋 つまりイエスさま信じて、他の神さまに二股かける可能性が無いと思ってるんだったら、ちゃんとイエスさまとお付き合いしていますって公にしましょうとなってくる。だから洗礼式って、ちゃちゃっと隠れてやらずに、みんなのいるところでするし、教会によっては、みんなのいるところで証もするんです。洗礼とは、自分の信仰をオープンにして、「彼氏、キリストなんだ」って言っていく人生を人前でもオープンにすることなんです。そこを「どーしようかなぁ」ってのは、ちょっと気を持たせながら、浮気を匂わせる軽いチャラいタイプになるってことだよと。

朝岡 そうそう。やっぱり印ですからね。

大嶋 ちゃんと指輪をすること。「婚約指輪してます。フィアンセいますんで」

大嶋 誰に言われるんですか（笑）。イエスさま？
朝岡 そうそう。
大嶋 下着二枚以上持って行くなとか言われて（笑）。
朝岡 そう。いろいろ持ち物リストありますからね。それで集合すると、イエスさま一人だけ白でね。
大嶋 俺たち汚れていい服って言われたからこの感じで来たのに。
朝岡 風でイエスさまの髪だけサラーってなびくみたいな。一人だけちょっと違う感じですよ。大嶋さんは？
大嶋 僕のイエスさまのイメージって角刈りなんですよ。……これ言うとよく引かれるんですけど。『北斗の拳』ってわかります？ そこにラオウってすごい強いのが出てくるんですが。
朝岡 もちろん。……もしかしてラオウ!?
大嶋 ……だいたいみんなに嫌がられるんですけど。僕の中でのイエスさまイメージってラオウで。

「私に気のある他の方、諦めていただけますか」「ほかの偶像の方々、申し訳ありません」っていうことの現れでもあるかなって。

朝岡 イエスさまが、なんで洗礼を受ける必要があったのか。これ、けっこう質問されることですよね。けどイエスさま、そうやって模範を示されたということは、大事かなと。イエスさまが洗礼を受ける必要、必然性も無かったし。

大嶋 洗われるべき罪もないし。

朝岡 それをもって、弟子たちに洗礼を授けなさいって命じているし。イエスさま信じたけど、イエスさまがしなさいって言ったことはしませんっていう方が逆に不自然というか。イエスさまを信じたってことと信じて洗礼を受けるってことは、ひとつながりのこととしてある。

大嶋 好きな人がしてるんだから、一緒にしたいよねっていう。そういう気持ちで。

朝岡 中には中学、高校生で洗礼受けるって決心したけど、お家のみなさんがクリスチャンじゃないと、ちょっと待ちなさいって言われちゃうとかあると思う。ほか

朝岡 トキじゃなくて⁉……そりゃ、みんな怒りますね（笑）。

大嶋 とりあえずイエスさまってめちゃくちゃケンカ強かったはずなんですよ。

朝岡 わかりますよ、台をひっくり返すぐらいですからね。

大嶋 周りには屈強な漁師たちがいるわけですよ。だって、漁師一筋のペテロが「わたしについてきなさい」って言われて、いきなりついて行くはずないじゃないですか。

朝岡 トキみたいに、見た目シュッとしてるけど強い人っているじゃないですか。そういうことじゃないですか？ 見た目スラっとした感じなんだけど……。

大嶋 いや、もうスラっとすらしてないんじゃないかと思うんですよ。もうね、筋肉ムキムキだったんだと思うんですよ。大工だったし。

朝岡 （笑）。

大嶋 ペテロも、「わたし

の仲間は、同じキャンプで洗礼を決心して、秋から聖書の勉強して洗礼を受けていくのに、自分も信じてるのに、まだ洗礼受けてないから、まだちょっと半人前というか、まだ救いが不安って思っちゃう人もいるんだけど、そういう意味ではイエスさまを信じて救われるってのは……。

大嶋　口で告白して救われるってのは、すでにみことばの約束ですからね。

朝岡　そう。それは確かなことだから。だから、それの現れである洗礼を受けられる日まで時間が必要で待つときは必要かもしれないけど。それを変に、「だから自分はみんなに比べてだめなんだ」とか。救われていないって思う必要はないんだと思います。

についてこい」って言われて、行かなかったら後でやられるな……みたいな。最初はそんな感じで、「やっべぇ……この人すげぇカッケェ」って、男気的に惚れたと思うんですよ。

朝岡　それはわかります。

大嶋　最初からキリストだとか神の子だとか、全部わかって行ったわけじゃなくて。最初の見た目で「やべぇ、カッケェ」と。ケンカしたら負けるなと。

朝岡　（笑）。脱いだらすごかったんじゃないですか。

大嶋　もしかすると細マッチョかも（笑）。

番組ディレクターより

COLUMN｜コラム②

Hiraku Hosokawa

ディレクターから見た アサオカマサル

朝岡勝さん、なんと言ってもデカい。あ、「背」も「器」もですよ。文章でもラジオでもそこが伝わりにくいところ。大嶋さんがイタリアンなら、朝岡さんはブリティッシュな感じ。おしゃれシャツにパリッとジャケットで、時には小ジャレたTシャツ着て、50代なのに変におじさん臭くならないのが素敵なんです。そして番組で見せるあのぶっきらぼうな「ふーん」「そうですか〜」とは裏腹に（最近、妻がマネをしています）、あの堅い握手には熱がこもっていますね。

牧師であり、いわゆる教団ではこの間まで副理事長なんてタイトルも持っていたお偉い方なんですけど、地域の子どもからは「白毛和牛！」なんて呼ばれてるらしい（僕には絶対呼べない）んだから、そういうところも素敵でしょう。でもそんなことを感じさせない気さくな方です。

そう、いわゆるイメージしちゃう「牧師」とはいい意味でかけ離れていて、ああ牧師って言っても僕らと同じ人間なんだなあ、と思わせて安心させてくれる人です。趣味のマグカップ収集は引いちゃうくらいあるし、鞄やら小物へのこだわりはなんだか少年のようだし、普段は讃美歌なんて聞いてません感がある音楽趣味とか（笑）。映画も「それですか！」なんて共通の話題にもこと欠かない。でもやっぱりスイッチが入ると、握手と同じように熱い思いがあふれて、聖書やキリスト、教会への愛は止まらないし、涙も止まらない。番組編集していて、こちらももらい泣きです。クールでホットなデカい方なんです。

Episode 05
みこころどおりになるのに、なぜ祈る？

Q

わたしは、目の前で起きている出来事はすべて神さまが許しておられることだからと、悩むこともせず、委ねますと信仰深いふりをしているような気がしています。

自分が何を願っているかも考えないから、神さまに願うこともないのかなと思います。

どうせ神さまのみこころのとおりにしかならないのだしと諦めているというか。

どうすればちゃんと悩むことができるか教えてください。

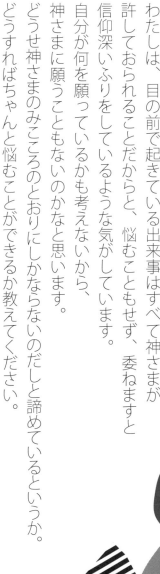

朝岡　どうしたらちゃんと悩めるようになるか……、ということを悩んだらいいんじゃないですかね……。ちーん（笑）。

大嶋　えっ終わり？（笑）

朝岡　……どうしたら悩めるか。

大嶋　きっと「クリスチャンは委ねたらいいんでしょ？」みたいな。お委ねのみが問題なんですよ。でも、たぶん大事なのは悩むということより、**向き合う**とか、**見つめる**とか。

朝岡　**立ち止まる**とか。そのものを**目の前において対峙する。**

大嶋　けっこう祈っているようで、向き合ってないんでしょうね。

朝岡　お祈りって答えが出るかがすべてじゃないっていうか。もちろん答えを求めて祈るんだけど。どうも、僕らの中には、すぐに答えに行きたいっていう、結論をすぐに知りたいということがあるじゃないですか。例えば自動販売機みたいに考えちゃうときとか。150円入れて、ほしいもののスイッチ押して。押したのに出てこないってなったら、怒って蹴ったり（笑）。

大嶋　「神はいるのか！」みたいなね（笑）。

朝岡　だけど、クリスチャンになったからといって、願いどおりに事が進むわけでも。先の人生の全工程表を見せてもらうわけでもない。一瞬一瞬を誰と共に生きているのかということですよ。

大嶋　僕らの神さまって自動販売機じゃなくて、僕らの１５０円どころじゃない祝福をあなたに与えたいと思っていて。だけど、僕らは、自分好みの「１５０円にして」って言っちゃう。だけど神さまはもっとすごいものを用意している。けれど、それが今ではなく「ちょっと待ちなさいって」言われているときもあるかもしれない。でも僕らは待てないんですよね。

朝岡　お客さんになっちゃいけないんですよね。神さまが一番いいものを、いいときにくださるから。だからそこにどういうルートを神さまが通らせて、そこにたどり着かせるかっていう、その道筋が大事かな。人生にしても、どうせ天国行くんでしょって言ったら、それっきりだけど。でも、そこに行くまでのどういう人生、道筋を通るかって大事かなと。

大嶋　うんうん。

朝岡　もちろんいい意味で委ねるってのは大事なことだと思うけど、委ねるって、自分の人生に対して自分がなんの責任も負わないとか、そういうことじゃないかと思う。なぜと問うことも必要かもしれないし。「どうしてこんなことが」という問いに対しても、「これはみこころなんだ」って自然に思えるのはいいのかもしれないですけど、無理にそう言って飲み込んだりしなくていいんじゃないかなって思う。

大嶋　委ねるっていうことは、放り出すことじゃないわけですよね。でも、やっぱりいったん傷ついちゃうと、向き合うことが嫌になっちゃって。あるいはこれも神さまのみ手の中で意味のあることだと思い込んで、自分で納得のいきやすい枠組みに押し込めようとしちゃう。でもそれは、ちゃんと自分の悲しみに向き合っていない。ちゃんと「悲しい」って言うとか、「神さま。イヤだ！」と言うとかが実は大切で。そういう神さまと対峙するような時間を過ごすことが、詩篇の作者たちの祈りの姿だったりするじゃないですか。もし「あとは、全部委ねまーす」ってばかり言ってたら、詩篇は１５０篇も無いでしょ。

朝岡　そのとき心から言えるときもあれば、「どうせ神さまこうなんでしょ」「どう祈ったって、どうしたっても神さま答え出てるんでしょ」「何言ったって神さまそうするんでしょ」って、諦めみたいになっちゃうと、もったいないなというか。けっこうそれで、飲み込んじゃってる人多いんじゃないかな。

大嶋　神さまのみこころは、右に行くか左に行くかとかじゃないんです。誰と行くかなんです。神さまと行くかなんです。そして今の自分が、イエスさまと生きているのだろうかと問うことです。そこに生きることがまずみこころに生きることなんですよね。詩篇に、神さまのみことばは「私の足のともしび」だってある。サーチライトじゃない。十歩先までは見せてくださらない。一歩一歩を神さまに信頼しながら生きているのかっていうのが、実は問われているんだろうなって思います。「願うこともない」って質問にもあるんですけど、でも神さまは「もっと来いよ！　もっと俺に期待しろよ！」って思っている。それでも僕らは「期待したって、失望するんだから」「祈ったって、かなわないんだから」「結局、みこころしかならないんでしょ」みたいな。諦めスタートな信仰ってありますよね。祈ってはいる、でも本当は自分がどう願っているかすら、見つめていない。ほんとはどうしたいのって聞いたら「いや、わかんない」ってなっちゃうところがあって。でも神さまはその人が自分の深いところでどう願ってるのか、もっともっと言ってほしいはず。

朝岡　そう思う。願うということが、願ってもそうならないんじゃないかと思うあまりに、思いどおりにならなくて傷つくことへの予防線として、望まないことを選んだり。

大嶋　**たくさん望むと、傷ついちゃうからね。**

朝岡　そういう自分を守るために、あえて期待しないということをしちゃう。でも、人間って傷つくこともあるけど、神さまを待ち望んでそれがないと、本当は生きられない。

大嶋　だって、望みの主でしょ。

朝岡　そういう意味では、勝負したらいいときってあるじゃないですか。結果どうかわかんないけど。先回りしすぎて、そこから逆算して考えて、無難なところに着地しようと考えるよりかはどうなるかわかんないけど、神さまが行けって言うから行く

大嶋　大学生のときに、学校の教員になるのが天職だと思っていたんです。けれど、伝道者になることをみことばで示されて、泣きながら夢を手放しますって祈ったんです。それから20年。この間ミッションスクールに行って聖書科の授業をする機会が与えられたんです。名簿読んで「はい、座れー」って授業して。これがやりたかったんだ！と(笑)。教師になりたいっていうあの祈りを、神さまは20年持ち運んでくださってた。神さまは僕らが祈っていた、あの祈りを何一つ捨ててなかったんだなって思いました。

しかないのかなとか。答えわかんないけれど、でもまあ次行くかみたいなことがあるのかなと思います。

大嶋　だから、僕らはあんまり**聞きわけのいいクリスチャンにはなっちゃいけない**。変に大人ぶったり。うちの奥さんなんて、大胆に祈って願ってだめならダメで、ああこれが答えなんだって平気で受け取る。

朝岡　僕らってやっぱり、「ああ、やっぱりね」って言いたいというか。神さまに対してもさ。「わたし別に驚きませんよ、たぶんそういうことだと思ってましたよ」って。

大嶋　それ嫌なやつですよね。

朝岡　それもったいないよね。神さまもっと圧倒的だから。そういうものをぶち壊しにくるというか。そんな信仰の経験、神体験をすると。なんかもっとワクワクするものが出てくるんじゃないかなって。

大嶋　そうですよね。……ほんとだ。自分そうなってたかなって。

朝岡　無難な線にね（笑）。

大嶋　そうそう（笑）。傷つきたくないんですよね。……朝岡先生、自分から告白できるタイプですか？

朝岡　えっ、何を突然（笑）。

大嶋　僕、自分から告白できないんですよ。言ってきてくれないと……。傷つきたくないから。

朝岡　まあわかりますけど(笑)。……僕の場合も、それが最後のせめぎ合いだった。つまり自分が傷ついてもいいって思えたときに。「よしっ」って思ったね。

大嶋　かっこいい……今のかっこいい！

朝岡　かっこいいでしょ。「委ねるってこういうことか」ってそこで初めて学んだ気がしましたよ。

大嶋　かっこいい……!!

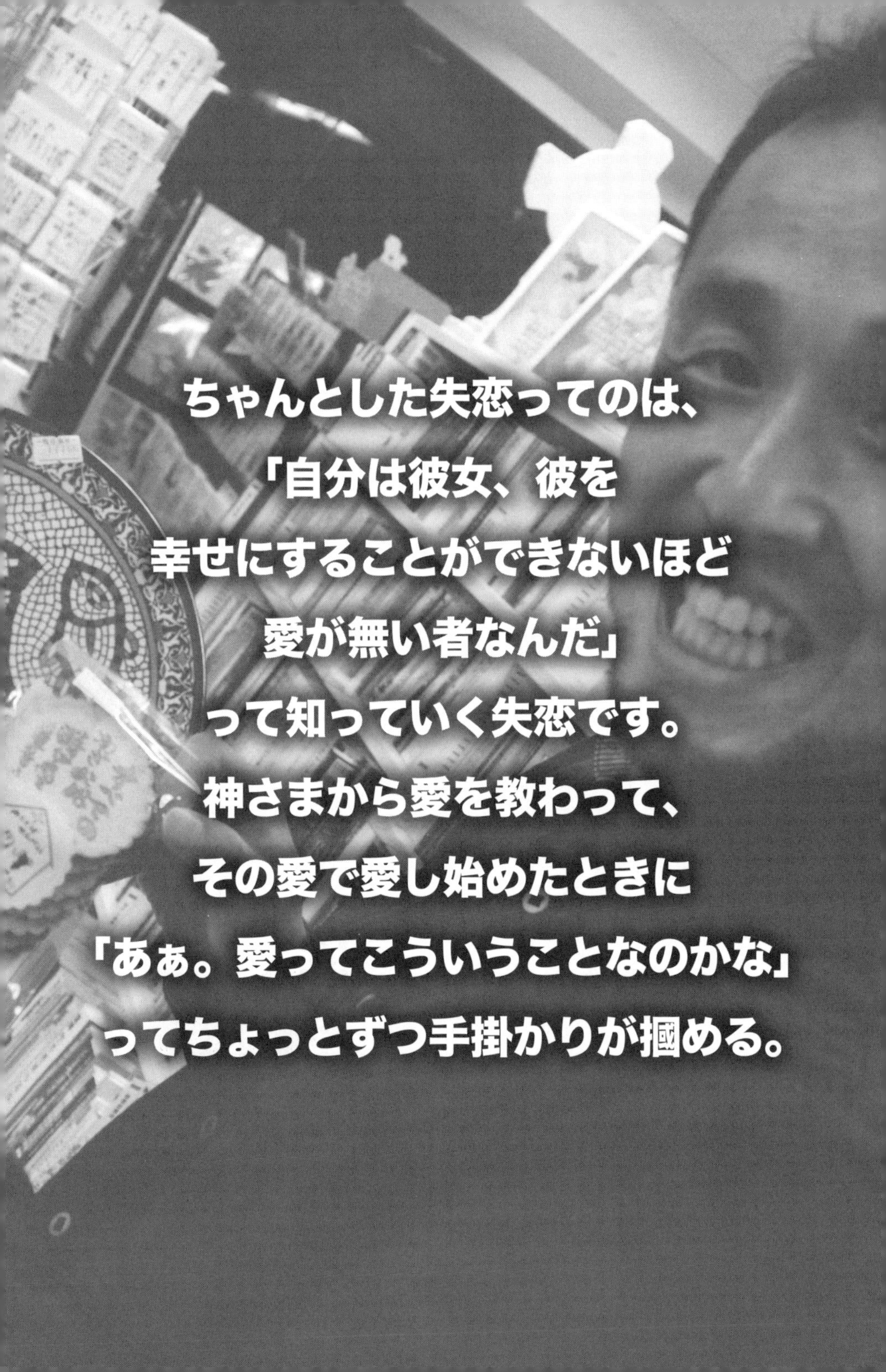

ちゃんとした失恋ってのは、
「自分は彼女、彼を
幸せにすることができないほど
愛が無い者なんだ」
って知っていく失恋です。
神さまから愛を教わって、
その愛で愛し始めたときに
「あぁ。愛ってこういうことなのかな」
ってちょっとずつ手掛かりが摑める。

Episode 06 彼女がほしい！

Q 彼女がほしいです。どうやったら異性とお付き合いできますか？（10代）

大嶋　朝岡先生は、恋愛の相談なんか牧師として受けたりします？　どうやって出会ったらいいかとか。

朝岡　あるときね。こういうことがあったんです。大学生の集まりに呼ばれて、一緒にご飯を食べてたとき、僕の前に19、20歳くらいの男の子が座ったの。

大嶋　うん。

朝岡　その子が、みんなでワイワイご飯を食べてるその最中に、僕に向かって

急に「先生。僕、彼女がほしいんっす！ どうしたら彼女できるんっすか!?」って、ものすごい勢いで聞いてきたわけ。お前、このシチュエーションでこの話する？ って感じなんだけど（笑）。

大嶋 その空気が読めないところが（笑）。

朝岡 両サイドに女の子がいたんだけど、ぎょっとした顔して。それでも「彼女ほしいんっす！」みたいなこと言うから、「そうかぁ」って。「彼女いたことないの？」って聞いたら、「いないっす。俺はとにかくこの夏、彼女作るんです！」って、言えば言うほど周りがサー……っと（笑）。それで言ったわけ、「お前、今日は説教だ」と。

大嶋 （笑）。

朝岡 「彼女がほしい、彼女を作るって言うけど」別に「彼女」っていうのがいるわけじゃないいじゃない。

大嶋 そうですね。

朝岡 その「彼女」っていう枠組みの中に、誰かをはめ込もうというそのお前の考え方が間違っている!!

朝岡 僕はね、娘が誰か連れてきたり、紹介してきたら、最初に言おうと思ってるのが……「俺は聞いてない」。

大嶋 誰から、何を聞いてないのか（笑）。めんどくさい父（笑）。

朝岡 そういうば僕の知ってる人には、娘が生まれて、「おめでとうございます！ 女の子です！」って言われた瞬間、嫁に行く日を思って泣いた。って言ってましたね（笑）。

大嶋 早いわ（笑）。

大嶋　みんなの見てるところで説教（笑）。

朝岡　好きになってお付き合いして、その子を他の人に言うときに、「あの人は僕の彼女です」って言うならまだわかる。けど、その人格なしに、最初に彼女ありきという、そのお前の考えがもう……！

大嶋　彼女がいる自分が好きだったりね。

朝岡　そう。結局、君は「俺、彼女いるんだ」って言いたいだけだろと。そしたらその彼女は、君にとってのアクセサリーじゃないか。それは相手の人格に対して失礼。……そんな感じで、こっちの方が力入っちゃって（笑）。

大嶋　入っちゃったんだ（笑）。

朝岡　そしたら彼は、「別に、ここでそこまで話すつもりじゃなかったんです……」みたいな、そんな感じでした（笑）。

大嶋　（笑）。

朝岡　もちろん、みなさんいい恋愛したらいいと思うんだけど、自分のための恋愛じゃなくて、相手を本当に尊敬することを学ぶとか、愛することを学ぶとかしてほ

大嶋　よく、うちのリビングで妻が独身の女性たちと祈り会をしているんです。

朝岡　ほお。

大嶋　時々聞こえてくるん

しいですね。僕は古い人間ですから、うちの娘には、「おまえ」呼ばわりするような彼氏はダメだって言ってます。

大嶋　「そんな扱いを受ける子じゃない、君は……」と(笑)。僕も学生伝道やってますから恋愛結婚のテーマで話すことも多いんですよ。最近では夫婦で出かけたりすることもあるんです。そこで僕はよく、「ちゃんとした失恋をしろ」って言うんです。

朝岡　それ大事。

大嶋　ちゃんとしてない失恋ってどんなのかって言うと、「あの子は俺に合わなかったんだよな」とか、「あの人はわたしと価値観が合わなかったんだ」って言っちゃうのが、ちゃんとしてない失恋。

朝岡　そうだね。

大嶋　ちゃんとした失恋ってのは、「自分は彼女、彼を幸せにすることができないほど、愛が無い者なんだ」って知っていく失恋です。そういう失恋をしろと。「神さま、愛を教えてください」って言って、神さまから愛を教わっていく恋愛、失恋をしないと、同じ恋愛を繰り返すだけなんだと。「神さま、愛ってなんですか?」って神さまかです。「神さま。どうか、彼がわたしのことを見つめ、好きになってくれるように」って。妻もその祈りに心を注ぐんですよね。それで、その方、3年祈って実ったんですよ！結婚まで一緒に7年祈った方もいました。

朝岡　それはいいですね。変に飾ったり演じたりしたんじゃなくて、誠実にその人の前で、ちゃんといい人であったんでしょうね。

朝岡　僕は、恋が愛と結びつかないといけないと思うんですよ。相手の情報だけ集めるとか、相手を意のままにしたい、支配したいだとか、そうするとどんどん歪んでくる。本当に好きだったら、もっと相手を大切にしたいと思うんだけど、どこかで

ら愛を教わって、その愛で愛し始めたときに、「あぁ。愛ってこういうことなのかな」ってちょっと手掛かりが摑めたり。

朝岡　うんうん。

大嶋　あるいは「自分は愛がわかっていないんだな」ってまたわかったり。そうやって愛することは何かを学んで生き続けることができると、愛する人格にこっちがなってきて。さっきの彼のように「彼女がいる自分が好き」ってところからちゃんと卒業できるようになる。

朝岡　そうね。だから、いい出会いもそうだけど、なんていうかな。相手を尊ぶというか、それによってお互いが高められるような、そういうのよね。

大嶋　そう。そして気がついていくんです。「ああ自分の愛ってのは、束縛だったんだな」とか、「支配だったんだな」とか。

朝岡　そうそう。そういうのあるじゃない。そういう束縛や支配に応えなきゃいけないとか。相手の要求に応えるのが愛だと思っちゃってたりとか。そういうのって、変にもたれ合ったり抜け出せなくなったり。

自分の所有にしたくなるというか。そうしたら、本来いいものであるはずの恋愛が歪んじゃう。

大嶋　相手が喜んでいるものが自分の喜びになっていくような恋愛をね。

朝岡　そうそう。

大嶋　「好き」っていうのは、自分のコントロール下に置きたいっていう感情に似ているじゃないですか。自分好みの服を着てくれ、髪型にしてくれとか。でも愛するっていうのは、相手がしたいことを喜ぶっていうことで。ある人が、「好きは、お気に入りの花を切って、お気に入りの花瓶に入れて、お気に入りの場所に飾るってことで。愛するということは、土を耕して種を植え水をやり、暑い日も草をとって、咲いた花が自分の方を向いて咲かなかったとしても、よかったな

大嶋　相互依存になっちゃったり。**愛することにちゃんと傷ついてほしい**とも思うんですよね。

大嶋　あと、恋愛してないと、ダサいみたいな空気あるじゃないですか。

朝岡　うん。

大嶋　それも問題だなって思ってて。やっぱりね、「愛が目ざめたいと思うときまでは、掻き立てたり揺り動かしたりしないでください」（雅歌3章5節）っていう聖書の言葉があるように。無理やり付き合ってるとか、無理やり恋愛してる枠にはまってる自分が好き。そういうところから、ちゃんと「愛する」って時が来るまで、ちゃんと待つこと、お委ねすることをね。

朝岡　委ねることとね。

大嶋　中高生たちに、恋愛の話すると、「牧師の紹介って嫌だよね！」っていう子とかいるんですけども。

朝岡　そう（笑）。

大嶋　僕ね、教会の牧師や信仰の先輩がしてくれる紹介とか、そしてそこでの

と思うこと。そして、その花が誰かの病室に飾られて誰かを励ましている姿に本当によかったな思うこと」だって。これ深いなぁ……と思って。

朝岡　深い。相手の存在を尊ぶことですね。

大嶋　僕たちの「好き」は自分の好みの場所に置きたいってことなんだけど、愛するってことは、その人の持っているものが生かされて生き生きと、自由に存在が生かされていることを嬉しいって思うことで。そういう**「好き」から「愛」に変わっていく**ような、自分の愛の見つめ方をしているかですね。それが、結婚してから「私好みのあなたじゃないから、もうやっていけない」じゃなくて、「そういうあなたでいてくれることが、わたしにとって喜び」となっていくんですね。

お見合いとかって大事にすべきだと思ってるんですよ。

朝岡　そういうのに、使命感を感じてる牧師もいますからね（笑）。

大嶋　いや、超うまい人とかいてね（笑）。

朝岡　超うまい人（笑）。僕の知り合いの友人の牧師は、すっごいマメで、そういうことすごくお世話するのよ。僕はめんどくさがりだから、勝手にやれみたいな。うまくいかなかったら先生のせいだとか言われるの嫌だから（笑）。

大嶋　そうそう（笑）。「なんであの人なんですか！　何を祈ったらあの人を紹介することになるんですか！」とか怒られたりして……（笑）。

朝岡　僕の親父はそういうのお世話したタイプの牧師で。昔の話だけど、教会の青年の人に同じ教会の人を紹介したんだって。「あなたにはこの人がいいから……」って。そして「祈ります」って。しばらくして「祈ったけど、みこころっていう確信が無いから、先生、お断りします」って言いに来たんだって。そしたらうちの親父が怒っちゃって（笑）。

大嶋　（苦笑）。

朝岡 「私はみこころだと確信している！」

大嶋 ははは（笑）。言っちゃった（笑）。

朝岡 無茶な牧師だなぁと（笑）。

大嶋 それでその二人は？

朝岡 結婚して、いい家庭を築いてるのよ！

大嶋 そう！ いや、そうなんですよ！

朝岡 すげぇな！ と（笑）。

大嶋 だから僕、いっつも言うのは、「牧師の紹介だけはいやだ」なんて絶対言っちゃだめだと。彼女ほしいとかいうレベルじゃなくて、神さまが与えてくださる結婚を祈り求めてるんだったら、牧師に相談して「先生、祈ってください」って。

朝岡 そういうの大事ですよ。そういう意味では、これは牧師に祈ってもらわなくてもいいことなんて無いなって思うのね。だからなんでも折々に。進学、就職、結婚、人生の悩み。こんなことまでって思うようなことでも。やっぱり言ってきてくれるとこっちも祈れるし、考えられるんですよ。大事ですから一生懸命祈っていきたいなと

思うし。

大嶋 そうです。

朝岡 ある時、青年会の女の子が相談しに来て。その子はそれまであんまりいいお付き合いをしてなくて、前の話どうなったの？ って聞いたら「もうなくなりました。改めて祈って、本当に神さまに結婚のこと真剣に祈ろうと思ったので」って言いに来た。そしたらその日の夜から、結婚をテーマにキャンプがあって。講師、大嶋重德。

大嶋 ほほっ（笑）。

朝岡 で、これに行こうと。彼女は仕事もあったんだけど、「調整します」って。それで他にも教会の子たちも行くから連れて行ってあげて。そしたら、そのキャンプで出会った青年がいて。結婚して。今いい家族（笑）。

大嶋 いいですねぇ。お役に立てたんですね。

朝岡 それはもう。

大嶋 最近うちの奥さんが、その手のことに長けてきて……。「裕香さんに祈ってもらったら効く」みたいな（笑）。でも、そうやって、祈ってもらいに行くとか、祈

大嶋 いろんな出会いや導かれ方があっていいと思いますが、クリスチャンは本当にモテてほしいですね。イエスさまが内側にいるんですから。モテてモテて困っちゃうくらい……。

朝岡 うん。教会の外でモテて、憧れることもね。特に外見だけじゃなくて、その中に何があるんだろうかって。

大嶋 朝岡先生みたいにね。

朝岡 ……。

られに行くとか。そして神さまが、出会いを与えてくださっているんじゃないかってところに足を運んだりね。

朝岡　自分だけだと見えなくなりますよね。恋愛って。

大嶋　あとは、「自分はこんな人がいい」って、自分の気持ちを握りしめ過ぎたりもするでしょ。

朝岡　でも意外と、面白いよね。結婚した相手見たらさ（笑）。

大嶋　あれ!? 若いころ言っていたタイプと違うんじゃない!?

朝岡　だけど、それがいいんだよね、面白いんです。あと、祈ってもらうってある種、風通しよくなるからいいですよね。二人だけの世界にこもっちゃうだけより。

大嶋　結婚後も大事じゃないですか。自分たち夫婦のことを祈ってくれる信仰の先輩って。いま自分たちはちょっと揉めてるけど、あそこ行ったら夫婦のメンテナンスをしに行ける。独身時代から二人っきりになっちゃうと、助けられにくい。助けられやすい夫婦になるためにも、そういう風通しは必要ですよね。

朝岡　そうですよね。

大嶋　あと牧師に言えないようなお付き合いもしない方がいい。牧師も全部知りたいから全部言えってわけじゃない。祈りたいから。

朝岡　黙って祈ってますから。「あれどうなったの？　どうなったの？」って聞きたいときもあるけどさ（笑）。

大嶋　なんというか若いころって「こんな人がいいな、あんな人がいいな」って言って、いろいろ握りしめているけどね。

朝岡　そうそう。

大嶋　アダムがエバと出会う前に、深い眠りが与えられるって創世記にあるじゃないですか。深い眠りってのは、眠っている時間ってやりたいことやれないわけですよ。眠ってるあいだにレポート書こうとか、ご飯食べようとか無理で。寝るってことはやりたいことを手放すってことです。アダムが深い眠りを与えられたあとにエバに出会ったってのは、自分のこういう結婚、自分のこういうタイプとかを手放した後に、神さまが与えてくれる人と出会っていくことなんですよね。

朝岡　ほんとにそう思いますよ。神さまが傍らに置いてくれたお互いというのが、備えてくださった賜物ですね。

大嶋　そうですよねぇ。神さまが創世記で「ふさわしい助け手を造ろう」と言われて造られた「助け手」ってのは、お手伝いさんじゃないですからね。この「助け手」の「助け」は、「エゼル」っていう言葉で、神からの助けという「エリエゼル」とか「エベンエゼル」って使うときの「助け」です。この神さまがくださる助け手。そういう神さまからの助けなんだと、自分もまた相手を助ける存在なんだと理解するわけです。僕らは、相手を見て「この人は自分をあんまり助けてくれない人だなぁ」とか言っちゃうけど、「自分こそその人の助け手になれているだろうか」を考えないといけない。自分こそちゃんと愛する人格に整えられているだろうかとか。

朝岡　一人の人としてちゃんと立つというか、自立しているというのは大事かもしれないね。結婚を願ったり、恋愛の最中にいる人は、自分を神さまの前に一人の人としてちゃんと立っていく。あの人頼みじゃなくて、神さまとの関係で自立していくことが結婚の備えになっていくのかなぁって。

大嶋　そうですよね。

大嶋　あるカップルが相談しに来てくれたことがあって。男性の方が「どうやったら結婚できるんですか？　自分は結婚できるような人に未だなれていないんですよ」って、結婚に決心がついてなかったんです。

朝岡　ふむふむ。

大嶋　そこで僕は、「そんな日は永遠に来ない！」って断言したら……、「ありがとうございまーす!!」って（笑）。

朝岡　はははは（笑）。

大嶋　どこかで僕らは、自分が相手にふさわしい人になれるという幻想を抱いているんですよね。

Episode 07
信じているのに、なぜ苦しみが？

Q

神さまはどうしてビックリするような落ち込む出来事を起こされるのでしょうか。最近そんなことが周りにもたくさんあります。それは神さまが愛してるからだと言われても、正直なんで？　と……。クリスチャン歴も浅く、苦しみを乗り越えた幸いを経験したことがないので、神さまを信じていても不安と孤独に苛《さいな》まれることがよくあります。友達のためにも祈るけど、正直大丈夫かな……って思って、委ねることができません。

朝岡　ビックリするような落ち込む出来事ね。ありますよね。

大嶋　ありますよねぇ。

朝岡　間違えて、妻へのメールを他人に送ってしまったとか……。

大嶋　ビックリするくらいにね（笑）。変な汗が背中にスーッって流れて（笑）。

朝岡　すみません、本気な質問に（笑）。いや、でもあるんですよね。なんでしょうね。まず前提を考えてみるといいでしょうね。イエスさま信じたら、ビックリするような苦しみも無くなるもんだという前提を、ちょっと一回外してみるというか。

大嶋　はいはい。

朝岡　イエスさまを信じていてもビックリするような落ち込むことはあると。じゃあ、「なんで？ 神さま」ってことになるんだけども、そこが一つの考えどころですね。

大嶋　そう。だからビックリするような落ち込むことは、信仰を持った後もあるんですよ。イエスさまが十字架に架かるなんて、弟子たちにとってはビックリするような落ち込むことだったわけじゃないですか。けれどその十字架こそ自分を救い、自分にとってとてつもなく意味を持った事柄だったんだってことが、後からわかってきたことだったわけですよね。でもそのビックリするほど落ち込んでいるような真っ最中には、

朝岡　この間LINEグループに、突然大嶋さんから、手作りイタリアンの写真が大量に送られてきてですね……。なんだったんですかね、あれは（笑）。
大嶋　恥ずかしい（笑）。……妻に、「この間作ってくれたパスタの写真送って」って言われたので、妻に送ったつもりが……（汗）。
朝岡　通知を見たら、前触れなく大画面に美味しそうなパスタが（笑）。
大嶋　妻が「届いてないよ」って言ったので、「うそぉ～」って見たら……ヤバい！ と（笑）。
朝岡　覆水盆に返らず。ネット社会は怖いですね……。

神さまがおられることも感じない。詩篇の作者もそういうことを歌っているじゃないですか。「神はどこにいるんだ!」って歌とかね。でもその中で「しかし!」みたいな言葉が必ずくる。その「しかし」が言えるまでちゃんと落ち込むことの大切さ、ってのがあると思うんですよ。

朝岡 神さまを信じる前って、「なんでこんなことが」ってことが起こったとき、あれがいけなかったんじゃなかったとか、あれの報いなんだとか、あれのバチが当たったんじゃないかとか、そういう因果応報の見つけ方があったと思うんです。けど神さまを信じると、じゃあその苦しみが軽くなるかというと、むしろ神さまいるのになんでこんなことをってなるから、**問いとしてはもっと深くなるんですよ。**神さまいないなら、諦めるか自分のせいか過去のせい、人のせいにするしかなかったけど。神さまいるって信じて、なのにまたこんなことがどうして起こるんですかっていうのは、聖書の中の一大テーマですよ。ヨブ記*なんて、まさにそういうことだと思うんです。僕は自分のささやかな経験で考えると、たぶんそれね、ずーっとその問いを抱えながら生きるんじゃないかなって気がするんですよね。

***ヨブ記**
旧約聖書に収められている、苦難をテーマにした物語。敬虔な信仰者であるヨブが、悪魔の手によって様々な苦難を受ける。

大嶋　そうですよね。

朝岡　僕にもビックリするような落ち込む出来事が、10代半ばにあって。ずーっと、今でもどうしてだったんだろうなって。四六時中考えてるわけじゃないけど、やっぱりあるわけですよ。でもそれは、このことを問い続けながら自分は生きていくんだなって、この歳になって思っていて。最後の答えは神さまがくれるんだから、そこを待ちながらでも、そこを問いながら生きていこうって思うようになった。

大嶋　もし神さまがいなかったら、そういう問いをきちんと問えなかったんですよね。

朝岡　そうなんですよ。イエスさまが十字架上で叫ばれた「わが神、わが神、どうしてわたしをお見捨てになったのですか」っていうみことばがあります。詩篇の22篇にある叫びです。

大嶋　うん。

朝岡　でも、イエスさまは十字架上で最後に「わが神、わが神」って神さまに叫んだ。「どうしてわたしをお見捨てになったのですか」と。わが神って叫ぶことがで

大嶋　神さまと一緒にいるっていうことは、苦しむこともないし、傷つかなくなることでもないし、挫折をしない人生を歩けるようになることではないと思うんですよ。僕らだって今でも傷つくことがあるけど、傷ついたら癒してくれる神さまがいるってこともわかってきた。傷つかないとわからないこともあるってこともわかってきた。子育てをしていく中で、親は子どもが歩き出すときに、「これは転ぶな」ってわかっていても、親心としてそれを見守るんですよ。歩かないとこの世界の楽しさはわからないし、転ばないと立ち上がることも学ばない。転んで、泣いて、抱きかかえて「よく頑張ったね」と声をかける。神さまは、父なる神という名前を持っているから、苦しむこと、傷つくこと、挫折すること

きている、それは、神さまを信じてなかったら叫びようがないのに。

大嶋　そうね。

朝岡　「どうしてわたしをお見捨てになったのですか、神さま」と呼べたということは、捨てられてないんだという証だというね。そういうみことばの説き明かしがあって。「どうして神さま。ひどいじゃないですか」って問い続けて生きてくって、問う相手である神さまが、「ごめん、その質問ちょっとつらいから、君とはもういいや」って言わないで、そこに共に居続けてくださっていることが、不安や孤独とは違う神と共にある人の姿かなと。

大嶋　そうですね。本当に神さまいなかったら、「運が悪かったとか、あいつのせいだ、親のせいだ、あるいは自分ってなんてだめなんだ」って責めながら生きるしか無い。あるいはつらいことなんか忘れようと、諦めるしかないけど。神さまが深く落ち込んでいる向こう側で待っててくれるのだと思える悩みって、神がいないと思って悩む悩みとは根本的に違うと思う。

朝岡　違いますよね。

も知っているんだと思うんですよね。立ち上がられないすぐそばで「大丈夫。もう一度立てるから」って待っていてくれる。だから僕らは傷ついて大丈夫な世界に生きているんだと思います。

大嶋　この間、こういうことかなと思ったことがあるんですけど。めちゃくちゃ腹減ってる二人の人がいる。一人の人は家に帰っても、電気もついてないし誰も待っていてくれないし、家に晩ご飯もない。もう一人は、家帰ったら家族がいて、あったかい家で晩ご飯が待ってる。状況は同じく二人ともめちゃくちゃ腹減ってる。しかし、この二人の腹の減り方は全く違うんです。一人はもう絶望的な腹の減り方(笑)。もう一人は、このまま寄り道して買い食いせずに、腹減ったまま家に帰った方が、絶対に晩飯が美味い。途中でコンビニとか寄ってアンパン食べちゃったら、あの美味い晩飯がちょっと美味くなくなっちゃう。それだったら、限界まで腹減らしといた方が絶対美味いじゃん！

朝岡　それわかるなぁ(笑)。

大嶋　そういう決定的に違う腹の減り方。

朝岡　家に帰って、あれを食うために今ここで空腹を我慢しよう、と思って、そこを生き抜いていく(笑)。

大嶋　むしろ、「途中でなんか食っちゃったら損だ」くらいのね。だから「なんなんだよこれ」って思ったとき、この向こう側で神さまがやがて教えてくれるものが

大嶋　「神さまのみこころ」って、振り返ってから、「ああ、こういうことだったんだな」ってわかることかと思うんです。詩篇16編に「測り綱は、私の好む所に落ちた」ってある。これは過去形で書かれていて、詩篇の著者は、神さまがわたしを最善のところに導いてくださったんだなって、振り返ったとき一つの線に繋がったという経験を詩にしているんです。僕らはついつい、自分が目指すこの道に行けなかったら自分の人生終わるとか、「神はいるのか！」みたいに考えて、落ち込んで、歪んだり、そのことを悔いたりするんだけど。でも振り返ったときに、そこに神さまがおられたって気づくんです。

朝岡　難しい教理の言葉で、摂理という言葉があります。ハイデルベルク信仰問答の「摂

あるんだったら、この悩みと落ち込みを徹底的に悩んで、落ち込んでやろうとすら思う。すると希望すら湧いてくる落ち込みになる。僕も天国行ったら聞きたいと思っている、納得いってないことがいっぱいありますから。

朝岡　みんなありますよね。

大嶋　でもそれがあるからといって、信じるのを止めようとは思わない。なぜなら悩みがあったり、落ち込んだりしてもなお、自分の苦しんできた罪という問題を十字架で命がけで解決し、愛してくれたイエスさまのことを思うとそれも向こうに何かがあると思える。それほどの愛。この愛は、疑いや落ち込みを覆うんですよね。

朝岡　しかも一人で悩んどけって言うんじゃなくて、そこに伴ってくださっているっていう。実は隣で、イエスさまがおかず買った袋を両手に下げて、「着いたらこれ作ってあげるからね」みたいに（笑）。

大嶋　イエスさまって、ご飯作ってくれるんですよね。

朝岡　とりあえず飯食えと。

大嶋　僕、落ち込んでいるときに、一番最初にすることは、飯食うことだと思

理ってなんですか」という質問に「神さまの今働く力です」と書いてあるんです。摂理は、先の事を見通せる力でもなく、あなたの人生こうなりますよって言われるのでもない。今働く力であって、それにいつも聞きながら生きていくことが問われているのだと思います。

うんですよ。旧約聖書のエリヤ*だってね。

朝岡　そうそう、カラスがカーカーやってきて（笑）。

大嶋　王妃に命を狙われて、彼は「もう死にたい」と思って荒野に出たんです。けど、神さまはなかなか現れてくれないんですね。とりあえず、エリヤに飯食わしてくれて、エリヤもちょっと歩いて運動する（笑）。神さまに出会うのはそのあと。

朝岡　そうそう。この間のイースター、ヨハネの福音書21章*から話したんです。みんな15節以下の「あなたはわたしを愛するか」の話に行くんですけど、僕、その前が好きなんですよ。ガリラヤ、テベリヤの湖畔で弟子たちが魚を獲ってたら、イエスさまが岸辺でパタパタと煙たい中、魚焼いてるんですよ。

大嶋　団扇《うちわ》でね（笑）。

朝岡　それで船から泳いできたペテロにとりあえず飯食えと。あれすごく愛だと思うんですよ。僕なんて、親父にこっぴどく叱られた次の日の朝。どういう顔で食卓に着こうかって。子どものときあるじゃないですか。ごめんなさいって言ってないまま終わってたりすると、なおさらで。全然知らんぷりしていくのもあれだし、かと言って、

エリヤ*
旧約聖書に登場するイスラエルの預言者。イスラエルの民の偶像礼拝を糾弾し、王妃に追われ、荒野に逃げる。

ヨハネの福音書21章*
復活したイエスが、弟子のリーダー格でもあったペテロに会いに来る場面。食事をしながら、イエスはペテロに「あなたはわたしを愛するか」と3回尋ねる。イエスが十字架にかかる直前に、ペテロは「イエスなんて人は知らない」とイエスの聞こえるところで3回言ってしまったので、そうとう気まずかったはず。

話蒸し返すのも気まずいし。だから、ペテロってそれ以上の気まずさだったんじゃないかって。

大嶋 知らないって3回も言っちゃったしね。

朝岡 その後でしょ。とりあえず自分から「イエスさま、すいませんでした！」って言って始まった方がいいのか。むしろイエスさまの方から「お前、この前のあれ、どういうことや。説明してみろや」みたいに、言ってくれた方がまだいいっていうか。

大嶋 こっちもそのつもりになれるからね（笑）。

朝岡 そうそう。行ったら、イエスさまがパタパタしながら、たき火で魚焼いてる……。「これどういうふうに、いたらいいんだろう……」（笑）。

大嶋 むしろ迷っちゃいますよね。

朝岡 そわそわと机並べてみたり、お皿出したり（笑）。だけど、イエスさまはとりあえず、飯食えと。

大嶋 食おうぜって言ってくれる、それってやっぱり、お前のこと赦したよっていう前提ですよね。例えば「日曜日、随分教会に行ってないな……」ってときに、牧師に「今日うちで飯食ってかない？」って言われるって、ビビるよりも、むしろ「君のこと受け入れてるから」というメッセージになる。僕ね「ご飯一緒に食べよう」って赦しの宣言だと思うんですよ。

朝岡　食べるのって大事ですよね。

大嶋　そう思うと、ご飯を一緒に食べるとか、美味い物を美味い！って食べるって、信仰の事柄なんですよね。

朝岡　怒られて悲しいけど、嬉しくって。なんか泣きながら飯食ったこととかあったなって。なんかこう、心の中は「こんなに悪いことしちゃって、俺ってなんて悪いやつなんだろ、でもこれ美味いな……」って思いながら（笑）。

大嶋　人間だから（笑）。食ってると、やっぱり俺、腹減ってたってこと思い出して。食べてると、生きてる感じがして。

朝岡　ああいうときってすごい覚えてるんですよね。

大嶋　エリヤのパターンなんかも、とりあえず飯食って、歩いているときも。そのあとの嵐の中にも神さまいないんだけど。そのあとに神さまの細いみ声を聞くって

大嶋　うちの教会のお料理教室で、「教会ではなんで一緒に食べるのか」みたいなメッセージをしたんです。それはイエスさまが一緒にご飯を食べることを喜ばれた方だからだって。聖餐式もそうで、イエスさまが十字架に架かる前、「言っときたいことがある」っていうその重要なシーンであっても、イエスさまはご飯を一緒にする。

朝岡　どんだけ食べたいんだと（笑）。

大嶋　「今から、深刻な話するからお前ら正座して聞け！」みたいじゃなくて、「これを覚えてほしいんだ」ってご飯食べる。復活したイエスさまが、一度は逃げ出した弟子たちと囲んだ湖畔のバーベキューも、「赦しの食卓」なんです。だから、キリスト教信仰にとって食べるってとても重要なことで。

あるじゃないですか。神さまっていきなり声を聞かせてくれるというよりも、まずは腹減ってるんだからご飯食べようぜってしてくれる。だから、落ち込んじゃうってこともあると思うけど、クリスチャンの友達と美味しいものを食べに行ってほしいですね。

朝岡　そうね。それで、「どうして神さまこんなことするんだろ。ひどいね。でも、これ……美味しいよね！」

大嶋　そう！「いろいろあったけど、でも、これ美味しくない!?」って（笑）。

朝岡　泣きながらね。そういうのいいじゃないですか。

大嶋　いい！悲しくて泣いてるんだけど、美味しいことは事実で、やべぇうめぇなって途中に思う（笑）。

朝岡　今日つらいから、これも食べちゃお！

大嶋　そう！「いいよ、もう頼んじゃおうよ！パフェも！」みたいな（笑）。

朝岡　それいいじゃないですか。

大嶋　それなんか本当っぽいな〜。

朝岡　リアルだよね。いいと思いますよ（笑）。

100

だから食を分かち合うこと、そして美味しいねって言うことは大事で。

朝岡　……反省しています。

大嶋　（笑）。

朝岡　言葉で生きていると言いながら、その手のボキャブラリーが乏しいので、僕が食レポとかしたら悲惨なことに……。

番組ディレクターより

COLUMN｜コラム③

Hiraku Hosokawa

ディレクターから見たオオシマシゲノリ

短めのアゴ髭、いかしたハット、話し相手が関西弁だと関西弁になり、若干派手目な革靴できめてくるチョイワルオヤジ。しかしものすごく気さくで、ディレクターイジりや、逆にイジられることも喜んで受けてくれる、そんな方。

大嶋さんは他にも太平洋放送協会（PBA）のラジオ番組「世の光」「さわやか世の光」に出演中なんです（地域の教会とPBAによる共同制作。民放ラジオ局11局で放送中！）。WTPとは違い、歴史は長いが放送時間（尺）は短い番組で、3ミリも、いや1秒も長くなることが出来ない中で、聖書の話を約3分にまとめて話すのだから、それはすごい技術です。おかげで野球の話、お風呂の話、好きな鞄の話なんてできませんけど。

「世の光」を聴いてみると、少し落ち着いた声のトーンで「いかがお過ごしでしょうか？」なんて言っている大嶋さん。同じ人か？ と思う人もいるかもしれませんね。そう、なんだか大人しいんです。いや、こちら側で、何か制限をかけているわけではないんですけどね。どっちかというとWTPは素に近い感じだと思います。でもどちらも大嶋さんであって、時間が長くても短くても福音を何とか届けたいという熱い思いから、それを凝縮した言葉にして語っているんです。マジメなチョイワルオヤジですかね。

Episode 08 礼拝が眠いです

Q

働き始めてまだ数年のサラリーマンクリスチャンなのですが、
ここ数年は仕事が忙しく、とても疲れています。
幸い土日は休みなので礼拝は守れていますが、心身ともに疲弊し、
最近は礼拝メッセージも頭に入って来なく、寝てしまうこともあります。
自分がこんな状態だからノンクリスチャンの友人に
福音って素晴らしいと自信を持って言えません。
罪が贖われていても、神さまが共にいるとわかっていても、
現実の自分は、頭も回らず、ひたすら休息を求めています。
自分自身がボロボロだからこそ、これだけの忙しさの中の人にも届く
福音の本質とは何なのだろうかと疑問に思ってしまいます。（20代）

朝岡　これはわかるなぁって人、けっこういるんじゃないかな。

大嶋　そうですね。自分もわかるなぁというか（笑）。すごく疲れてて、大変な毎日を過ごしている同じ世代の友達に、「お前の言っているイエスさま、俺も信じたいな」と思ってもらえるような信仰が、自分の生き方や生活で表れているかって考えてしまいます。じゃあ、福音ってなんだっけ？　ってことですよね。

朝岡　「これだけの忙しさの中にある人にも届く福音の本質」ってなんなんだろうね。

大嶋　……福音じゃないってなんなんですかね。

朝岡　とりあえず、[*]大嶋さんの書いた十戒の本の中で、第４戒から読んでください。たしか安息日のところからみたいな促しがあったと思うんですけど。

大嶋　うん。

朝岡　「安息日を覚えてこれを聖なる日とせよ」の、第４戒に書いてあるところがすごく、その本の中核のように思ったんですよ。僕も教会に来ている人と関わりながら、今の日本の教会が向き合わざるを得ない問題っていろいろあるけれど、一つ大き

[*]『自由への指針――「今」を生きるキリスト者の倫理』（教文館）

なものは、忙しさの問題。自分自身も含めてですけど、忙しさにみんなやられちゃっている。安息日って言っていても、安息を求めている教会も忙しくなっちゃってるし。

大嶋　その安息を語る牧師も忙しくて、疲れちゃっている。僕ね、疲れたら休むべきだと思うんですよ。それで僕が一度した説教で「礼拝中に寝る恵み」っていうのがあって。

朝岡　（笑）。

大嶋　これ、きわどいけれど（笑）。ユテコ（エウティコ）っていう人の話で（使徒の働き20章9節〜）。

朝岡　ユテコさんね。

大嶋　パウロ*先生の説教長いんだよね。それを窓辺で聞きながら寝ちゃって、3階から落っこちて死んじゃった人で（笑）。

朝岡　聞きたいな（笑）。

大嶋　でもこのユテコっていう青年、生き返るんですよね。そんな不思議な箇所があるわけですよ。で、これはなんなんだと。これは僕らに今何を語っているんだろ

パウロ（サウロ）*
生まれながらにローマの市民権を持つエリート・ユダヤ人で、初期キリスト教の大伝道者。熱心なパリサイ派ユダヤ教徒だったため、キリスト教徒を迫害していたが、復活のイエスの幻を見て回心。特に異邦人（非ユダヤ人）への伝道を積極的に行い、ペテロがユダヤ人への使徒と呼ばれたのに対し、異邦人への使徒と呼ばれた。囚人としてローマまで赴《おもむ》き、ネロ帝の時代に殉教したと言われる。新約聖書の約五分の一は彼の書いた手紙である。

うか、ってなってるときに、おそらくユテコっていうのは奴隷だったんだろうと。鎖に繋がれたような奴隷ではなくて、もう少し自由な奴隷。もう朝から晩まで働きまくってた。それで、体を引きずるようにして礼拝に来た。

朝岡　めっちゃ疲れてたんですよね。

大嶋　だからパウロ先生の話は、もう耳に入ってこない。それで3階の窓にもたれていたら、そのまま深ーい眠りに落ちて、窓から落っこちて死んじゃう。でもあの箇所は、どんなことがあっても礼拝に行こうとする、このユテコの信仰と礼拝でしか得ることのできない安息のことを語っている。

朝岡　なるほど。

大嶋　聖書の一つの原則は、「死んで生きる」ってことじゃないですか。この質問者さんも、礼拝に行く度に寝ちゃってるんだと思うんですよ。「寝ていいよ」なんて僕は言うつもりもないし、寝るために教会行ってんじゃないし。僕も子どものときに、「このおじさん、毎週寝てるけど何しに来てんだろう」って子どもながらに思ってたし（笑）。

朝岡　あるね（笑）。

大嶋　聖書の創造において、神さまは6日目に人間を創られて、7日目には全ての業を止められて、「非常によかった」って神さまはおっしゃっている。神さまは人間と一緒に、その「非常によかった」って時間を持ちたかったんじゃないかって思うんですよ。「よかったじゃん！　この6日間！　な！」ってアダムとエバに言ってるようで。そしたら日曜日は、6日終わってあれもできなかった、これもできなかったって自分のことを責めるんじゃなくて、「非常によかった」って言ってくださる神さまが、僕の欠けも埋めて下さるってことを信じてちゃんと休むことだと思うんですよ。わたしたちの神が「休まれた神」だから。

大嶋　自分が説教者になって寝てる人見ると、「いやそこは起きてくれよ」って思う自分がいるんだけれども。この人がどんな一週間を生きてきて、体引きずるようにしてでも礼拝に来る。どれだけこの礼拝に賭けているか。賭けてるまで言えないのかもしれないし、来たら寝ちゃうかもしれないんだけれども、礼拝でしか得ることのできない安息というものがある。もし礼拝中に、「こんなに疲れてるんだったら、礼拝行っても仕方ないや」「寝ちゃうんだったらクリスチャン失格なんだ、もう教会行くのやめよう」となると、礼拝中に寝る恵みすら受け取れない世界になる。中には隣の人に寄りかかったり、明らかに通路に体半分出てる人とかいるんだけれども（笑）。

朝岡　あるね（笑）。

大嶋　それでもこの人が教会の中にいるのを喜んでくれる交わりがあって、同じような交わりがユテコを迎えてたんだろうし。ユテコもまた、「僕、寝てて死んじゃったんだけどさぁ～」って言う証をこのあとしちゃう。

朝岡　すごい証だよね（笑）。

大嶋　すごい証だと思うんです！（笑）。だから、質問者さんが今そういう状

朝岡　説教する方としては、目を見て聞いてるのと、メモとってるのどちらがいいですか？

大嶋　僕は、やっぱり目を見てほしいですね。ずっとうつむいて書いてる人の顔が上がる瞬間があったら、よしっ!!って思う。書いてられないという瞬間って、説教体験を聴衆と一緒にすることだと思うんです。

朝岡　このあいだ、ＫＧＫの集会で大嶋さんの説教を聞いてたんです。たまたま席を一個空けた隣に、大嶋さんの奥さまがいて、もう食い入るように身を乗り出しながら聞いてて。しかもめっちゃ反応するの。

大嶋　（笑）。

朝岡　この聴き手が、この説教者を作ってるんだと思いました。

況にあったとしても証になる日が来ると思うんですよ！

朝岡　これはアリだと思うね。福音に生きてるから、礼拝で寝てるんだと。福音に生きてなかったら家で寝てるからね（笑）。

大嶋　そうそう！

朝岡　初代教会だと、誰々さんは信仰のためにイエスさまのために殉教して死にましたとか、武勇伝みたいな殉教話があるのに、ユテコだけは「僕、説教で寝ちゃって……3階から落ちまして……」って。めちゃかっこわるい（笑）。

大嶋　でも、これは良き知らせですよね！　良き知らせ。

朝岡　「だけど、生き返ったんっす！」みたいな（笑）。

大嶋　だからね……寝ない方がいいですよ（笑）。

朝岡　「僕が言うんだから、寝るのはヤバイっす。窓際はヤバイ」って（笑）。

大嶋　「寝るなら、寄っかかれるとこ行け！」ってね（笑）。僕ね、中学のときに、キャンプの説教中に寝てもバレない方法って教えてもらったんです（笑）。

朝岡　瞼《まぶた》に目書いとくの？

大嶋　違う違う（笑）。中学生キャンプで一個上の中3の先輩に教えてもらったのは、足を組んで聖書を太腿の上に置くんだと。そして祈りの手の形で、膝を手でロックするんだ。そしたら、寝てても祈ってるようにも見えるし、聖書を深く読んでるようにも見えると。さらにいいことは、膝でロックしてるから横揺れが少ない……って、教えてくれましたね（笑）。そういう信仰の先輩がいたのは……それが良き知らせかどうかはわかんないけど（笑）。

朝岡　（笑）。

大嶋　僕、ＫＧＫの集会でよく、「寝たくなる人がいたら、立ち上がっていいぞ」って言うんです。眠気に任せて寝ちゃうよりかは、後ろで、あるいは横で立って聞いてくれと。俺はそれをナイスガッツだって思ってると。たぶん神さまも、失礼だって思わないんじゃないか。むしろ、みことばに真剣になるということを選び取る先輩の姿を見て、後輩たちも寝ないみことばの聞き方を、覚えていくんじゃないかって。あんまり普段の教会の説教中に立ってる人いないから、おすすめできるかどうかはわからないんですけど。

朝岡　もちろん寝ちゃう人もいちゃいますから。僕らがね、講壇をドンと叩いてみるとか（笑）。

大嶋　あと、いたずらに長い沈黙を入れてみるとか。みんな「えっ、え？」って（笑）。

朝岡　応答の賛美と思っていきなり立ち上がった人いましたね。

大嶋　へーそう！　いたんですか！（笑）。

朝岡　いやまだですって（笑）。礼拝と居眠り、っていろんなエピソードがありそうですね。だから質問者さんも、礼拝で寝られるってのはそれは福音の慰めの中にいることだと。だから、もういいんじゃないですか？（笑）。

大嶋　寝ちゃっていい？（笑）。

朝岡　いいことにしましょう（小声）。

大嶋　（笑）。

朝岡　ただ窓際は気を付けろ。

大嶋　今、パウロ先生いるわけじゃないですからね。

朝岡　今、落ちたら礼拝中断ですからね。救急車来ますし（笑）。

大嶋　この答えでいいんですかね、福音ってなんですか？　って問いに対しては……（笑）。

朝岡　んー（笑）。疲れた人たちが集まるという意味では、日曜日礼拝に来るのは簡単じゃないことですよね。

大嶋　そう思うと説教者が寝かしちゃだめだっていうかね。僕が学生時代に行ってた教会は、アメリカの宣教師が開拓して牧師をやってた8人くらいの教会で。その先生の説教って、すっごいアルファ波が出るんですよ（笑）。僕も賛美リードとかで、「今から、みことば聞くために賛美しましょう！」って言って賛美したあと、その先生が前に立つと……。もうアルファ波がぶわぁー！　って（笑）。

朝岡　（笑）。

大嶋　僕らはそれに完全にやられるんです。

朝岡　なるほど（笑）。波長が合っちゃうんだ。

大嶋　もう、波長がピタッー！　と合って、深ーい眠りに連れて行ってくれる。

朝岡　日曜日は週の始めで、「主の日」と言うけど、同時に6日働いて休む、「安息日」でもある。「6日間ごくろうさん」「お疲れさま、よくがんばったね」って言ってもらい、そこで憩う意味合いってすごく大事だと思いますね。

大嶋　魂の安息って、無かったらいくら体を休ませても休んでないってのがあるじゃないですか。すごい寝たんだけど、寝りゃいいってもんじゃないみたいに。それではどうしても憩えないというものがあって。魂の安息まで考えると、神さまのまなざしや、神の前にいるってことなくしての休みはありえないと思います。

朝岡 （笑）。

大嶋 で、ある時パッ！ と目を覚ましたら、８人全員寝てたってことがあって（笑）。それでも語るこの先生の強靭なハートに、説教者ってすげぇって思いました（笑）。

朝岡 ほんとね（笑）。そういう意味では、いっぱい悔い改めることが思い出されますね。僕も昔、神学校の授業で、「先生、今日は本当にすみませんが、寝させていただきます」って心の中で詫びて、睡眠スイッチを入れたんですよ。で、次に目が覚めたら違う先生になってた。

大嶋 ははは（笑）。誰か起こせよと！

朝岡 休み時間挟んで、次の授業になってた……。どっか悪いんじゃないかと思いましたよ（笑）。すみません。そんな感じですから、寝ても大丈夫です。

大嶋 大丈夫、もう……。大丈夫です（笑）。

朝岡 それでもし、礼拝中寝てはいけませんって言われたら……僕らのせいですね……。

大嶋　僕は言ってませんよ（笑）。

朝岡　えっ！（笑）。

大嶋　僕は立ち上がってくれたらいいんじゃないって。

朝岡　……ちゃんと目を見開いて聞いてください。

大嶋　（笑）。

朝岡　いや、でも、みんなほんとそうなんだと思う。うちの教会の20代後半の人も、めっちゃくちゃ忙しいんですよ。

大嶋　そう！　これは教会も理解した方がいいです。20代30代の、ブラック企業という言葉が普通の言葉になってきたように、どれだけ忙しいか。

朝岡　家族が心配するからね。「日曜日くらい体休めなさい」「そうまでして教会行かなきゃいけないもんなのか」って。でもね、来るんですよ。でも、それは義務感とかじゃなくて、その人の神さまに対する応答だから、それをちゃんと教会も牧師も受け止めて、いい加減な話で済ませちゃいかん。本当にこの人の一週間をこのみことばで養うんだと。その人たちのその思いも、尊いものとして神さまの前に持っていかないと、

大嶋　今の若い人たちが働いている環境って過酷ですよ。もうヘトヘト。すり減らしながら仕事して、それでも体引きずるように教会来る。だから、疲れたときは「疲れた！」って言うことが大事だと思っていて。疲れてても疲れてることを言わなかったら、体だけじゃなく、魂も悲鳴をあげちゃうので。僕ね、**聖なるボヤき**ってあると思ってるんですよ。グチになっちゃうのとは違って、そんなこと言っちゃダメっていつも、いいこと、ポジティブなことを言わなきゃいけないというのも違うと思う。クリスチャン同士で、「ちゃんとボヤく」というのは、悪くない。「きついんだよね」ってわかってくれる交わりがあるだけで、取り戻せることもあると思うんですよ。

若いころKGKの先輩主事から、

嘘だなと思うんです。

大嶋　そうですよね。

朝岡　うちの教会の信徒さんに、とても忙しくしている人がいて。「先生、この前の祈祷会行きたかったんだけど、間に合わなかった……」「この前も、礼拝行きたかったんだけど、だめでした……」って、ほんとに残念そうに言うわけ。牧師に気を遣って、ポーズで言ってるんじゃなくて、ほんとに彼はそのことを惜しんでいて、悔やんでる。ある時、「祈祷会終わった後でもいいよ。教会で一緒に祈りたかったらいつでも来ていいよ」って言ったらね、夜の9時半とか10時とかに来るんですよ。

大嶋　おぉ。

朝岡　あとは、夕拝終わったギリギリのころに顔を出すわけ。僕は、それにすごく励まされるというか。うちの教会、日曜日に4回礼拝やってるんですよ。そんな大教会じゃないから4回も礼拝する充実プログラムでやらなくてもいいっちゃいいけど、そういう人がいると考えると、日曜日1回だけの10時半の礼拝やって、あとの来れない人のことを、今日の礼拝にはお休みでしたねって言っちゃうよりは……。なんというか、

「助けてって言える人が強いんだ」って言われて。「助けて」「祈って」って言えないのは、もっと自分の力を信じたいからですよね。できる自分を握りしめたいから。でも、できない自分、助けてほしい自分を認めるというのは、神さまに助けられないとやっていけない自分が始まりで、そこから信仰も始まっていくんです。

とにかくどこでもいいから、その人たちが礼拝無しに一週間を過ごすことが無いようにしたいなとは思うんです。

大嶋　子どものときには、「なんであのおじさん毎週寝てんのに来てるんだろ」って思ってたけど、今この歳になってわかるのは、「この礼拝を出ずに一週間を始めらんない」っていう、それだけのものをイエスさまから受け取って、あのおじさんたちは礼拝に出てたんだなってことです。だから、みなさんの中にも寝てる人がいるかもしれませんけど、そのまま礼拝出てください。

朝岡　うん。

大嶋　もう一つ、最近いろんな教会で始まっていていいなと思っているのは、礼拝終わってからの分かち合い。KGKやキャンプでも、メッセージの後にスモールグループで分かち合いがあるんですよ。今日のメッセージでは何を教えられたかって。それが今、各教会の礼拝でも始まっているんですよ。僕にも学生時代、集会ガチ寝みたいなときがあって（笑）。分かち合いの順番が最初の方になったとき、「ちょっとまだ思い巡らしてるとこで、まだ言葉になってないから、先に他の人どうぞ」とか言って一旦パ

スをする。そして他の5、6人がメッセージで教えられたことを分かち合ってくれると、だいたいこんな説教だったのかって、わかるじゃないですか（笑）。

朝岡　なるほど（笑）。

大嶋　そこから教えられて、自分もわかったような顔をして分かち合うみたいな（笑）。御言葉がみんなに届けられて、分かち合われた食卓みたいなのがあって、「あっ！こういうことだったんだな」と。実は説教を聞いていても、聞き所がわかんないことだってあるでしょ。「今日のメッセージどういう意味だったんだろう」って、でも教会のおじさん、おばさんがあるいは若い子が、こういうこと教えられましたって言ったら、「そこをそんなふうに聞けばよかったんだ」って。そういう意味でも、福音に生きるってことは、一人で生きるわけじゃないから。教会のみことばを聞いて、礼拝を捧げて、共にそれを分かち合っていく中で、福音に生かされていくということが起こってくるんだろうなって。

朝岡　礼拝行ってもどうせ寝ちゃうんだったら、家で寝てた方がいいかって言っちゃうと、そこで、あるものがプツッと切れちゃう。礼拝も日曜日じゃなくても、

大嶋　ところで朝岡先生は、どんな休日を過ごしているんですか？

朝岡　子どもが小さいときは、どこか遊びに連れて行かなきゃいけなかったりとか、それが無くなってからは、奉仕とかで埋まってましたけど……最近は休みの日はちゃんと休もうと（笑）。

大嶋　こないだ奥さんとの恋人感満載の写真見ましたよ！公園に二人でお弁当持って行ったんでしょ。

朝岡　そうそう。ハタからこれどう見られているんだろうって。再婚を考えて頑張ってる二人とか……。

大嶋　ははは（笑）。お互いいろんな事情があってね！（笑）。そのデートどっちが誘ったんですか？

朝岡　今回は向こうからで……。ちゃんとテーブルと

土曜日、平日でもいいんじゃないとか、いろんな形があると思うんですよ。そりゃそうなんだけど、でも、やっぱり日曜日イエスさまの復活を記念して集まって、礼拝を捧げて、主にある家族の顔を見て、ああ今日もあの人いるねとか、それを喜び合うとか、それが持ってる力とか支えてくれるものってあると思うんですよね。だから、そういう福音の持っている豊かさというか。福音って何って聞いたら、福音って僕らをどこかに追い込んでいくようなものというよりかは、むしろ僕らを本当に生かす自由であり、喜びの世界なんだということ。その中だと、礼拝において眠ることすら福音において自由の一つであり、喜びなんです。

大嶋　どこで寝るより、礼拝で寝るのが一番いい！　って（笑）。

朝岡　ほんとにスッキリ疲れが取れました！

大嶋　「先生、今日もいい礼拝でした！　先生の説教じゃないとここまで眠れません！」とか（笑）。

朝岡　そういうことで、今日もお疲れさまです（笑）。

か持って、その場でコーヒー沸かしたりしたかったんですけど、「そこまでしなくていい」って言われました（笑）。

Episode 09
信じることがわからなくなるとき

Q

ここ数年、今まで生きてきた中で一番つらく、八方ふさがりな状況を通っています。子どものころから神さまは存在しているんだろうなとは思っていて、洗礼を受けましたが、今はクリスチャンとしてのアイデンティティーを失いかけています。自分には信仰があると思って、礼拝、献金、奉仕、日々のディボーションなど続けていましたが、今は、神さまのみこころ、赦す、愛する、委ねる、悔い改めるなどを何一つ行えないし、そもそも赦されている、愛されているという実感が無いことに気づきました。感謝や喜びがあふれていなければ、救われてはいないのでしょうか？ 信じるってことが何かわかりません。イエスさまを受け入れる、信じるって具体的にどういうプロセスをたどるものなのでしょうか？

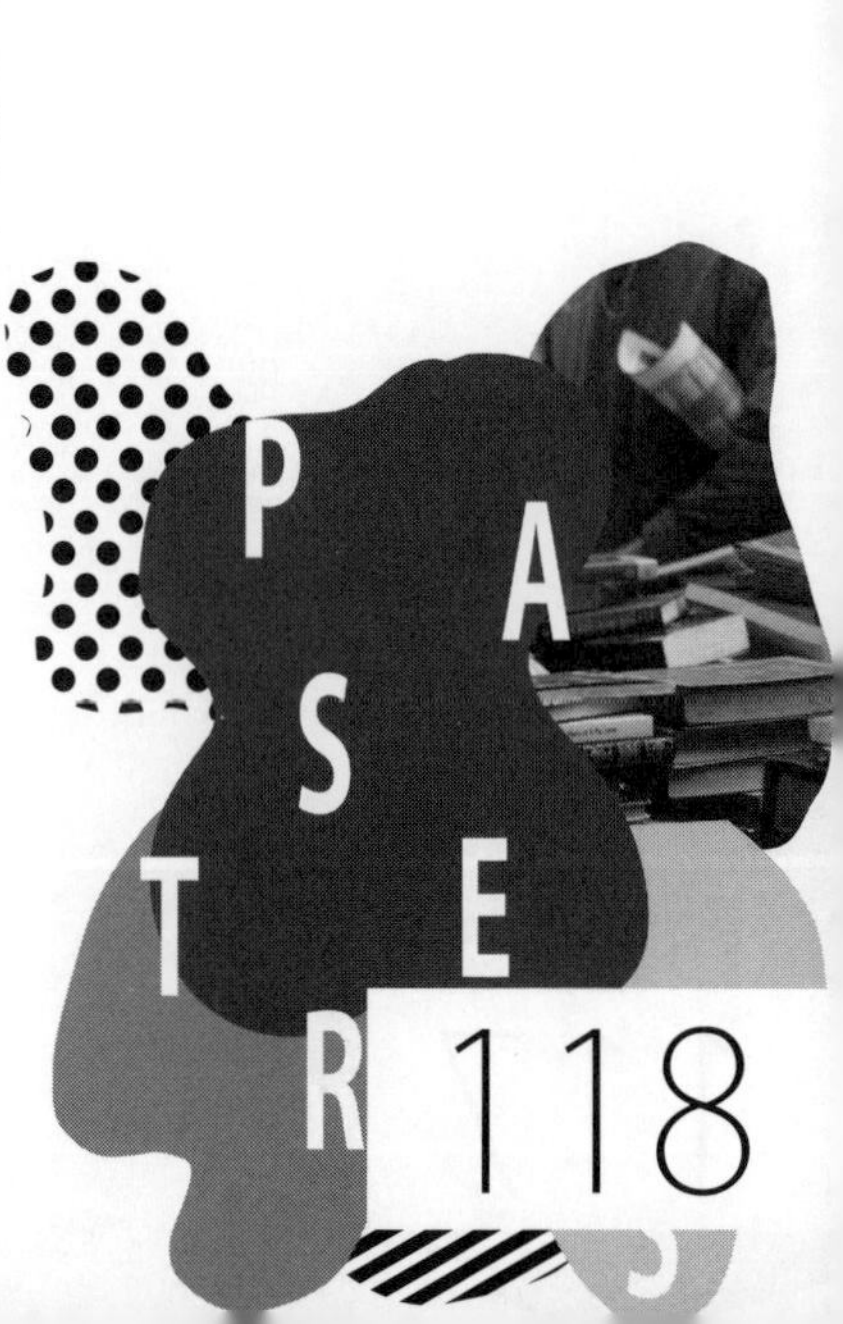

朝岡　なるほど。こういうときってつらいですよね。

大嶋　どこに行っても出口が無いようなね……。

朝岡　こういうときって、どうしてました？

大嶋　信じることがわかんなくなるときね……。いつも信じるって何かを考えるときに、信仰は自分の頑張りじゃなくて、神さまからのいただきものなんだなと思うんですよね。頑張って信じようって必死で自分を掻き立てて、信じる力を高めていっても疲れちゃうだけで。そして必ず自分自身の信仰の無さにヘコんでしまう。

朝岡　そうね。

大嶋　あるとき、友達のクリスチャンが、「俺、今、7対3でクリスチャンだ」って言ったんですね。しばらくしたら「俺、2対8で最近、ノンクリスチャンだ」って言い始めて。それ聞いててわかるような気がしたんですよ。信じてるフィーリングが上がっているときは、信仰があるような気持ちになって。例えば、キャンプとか修養会とかで恵まれて、信仰的にも「うぉー！」ってなってるときは、信じてるフィーリングは増していくんだけど。そういうフィーリングがだんだん落ちてくると、信仰すら無くなってくるように思う。「2対8」が「1対9」となり、「0対10」もう信仰が無くなった……って。

朝岡 うんうん。

大嶋 でも信仰って、あの小さな「信じます」ってお祈りをしたあのときに、「10対0であなたは信じたことにする」って、神さまの側が「あなたは信じましたよ」って、OKのハンコを押してくださるってことで。今もあなたが行き詰まって、どこにも出口が無いなと感じて、信仰も無いなと思っているときにも、神さまの方は今日も、「あなたの信仰はあるよ」って承認のハンコを押して言ってくださってる。そもそも「信じ始める」のも、「聖霊によらなければイエスを主と告白」できないのであって（第1コリント12章3節）、**神さまスタートで信仰は始まったんです。自分のスタートじゃない。**

朝岡 この方も洗礼は受けたとありますが、洗礼を受けたって、要するにハンコを押されたってことですよね。領収書、「はい。あなたを受け取りました」って宅配便みたいに。「自分が今日は救われている気がする」とか、「今日はなんかちょっと神さまから見捨てられている気がする」とか、人間だから揺れ動くんだけど。そういうときに

朝岡 マタイの福音書では、冒頭のクリスマスストーリーで、インマヌエル、「神は我らと共にいる」というお方がわたしたちのもとに来たと語るんです。そして福音書の最後をイエスの「見よ。わたしは、世の終わりまで、いつも、あなたがたとともにいます」という言葉で締めくくるんです。

大嶋 福音書を貫いているんですよね。

朝岡 人は一人で生まれ、一人で死んでいく。でもたった一人になるそのとき、他の誰もがいなくなっても、必ずイエスさまだけは、最初から最後まで一緒にいてくれる。つまりキリスト教って何ですかと言うと、神がわたしたちと共におられますという神の約束が、イエス・キリストという姿形をとってあなたがたと共にいるということです。

自分の信じている「感じ」を見るんじゃなくて、「いやいや、もう受け取りのハンコを押してますよ」っていうその神さまのしてくださったこと、そこに確かさを置く。

大嶋　確かさは自分の側には無いんですよね。

朝岡　そう。なんか鉄棒に一生懸命ぶら下がって我慢比べやってるわけじゃなくて、やっぱり、神さまの方が握って離しませんよ。「わたしはあなたを離れず、またあなたを捨てないよ」（ヘブル人への手紙13章5節）って言ってくださっている。もうそれだけなんじゃないかなって気がしますよね。

大嶋　僕、よくこの信じるってことを、神さまと手を繋いだ状態のことと思ってて。自分が手を離したら、離れるような手の繋ぎ方じゃなくて。神さまは僕らの手首を握ってくださる。僕らは何度も手を離すんだけど、神さまの方は「離さない」って言って握りしめてくださっている。この**神さまの側にある確かさに、あなたの信仰の確かさを置きなさい**って言っておられる。

朝岡　うんうん。ほんと。『信じてたって悩んじゃう』*って本があるじゃないですか。あれって、やっぱりそうじゃないですか。信じたら悩み無くなりました！とい

大嶋　その人として生まれ、死んで復活したイエス・キリストがいてくれるから、僕らは罪からの救いを受け取って、イエスさまと歩いていく。だから僕らは、1人で孤独にクリスチャンをやっていくんじゃない。イエスさまと一緒にクリスチャンをやっていくんですね。

*『**信じてたって悩んじゃう**』みなみななみ著（いのちのことば社）

うことは無いというか、信じたら信じたことのゆえの悩みもあるし。牧師でもありますからね。

大嶋 ありますねぇ。

朝岡 例えば、僕もあるときいろいろ本当につらいことがあって、祈れないときがあった。牧師ですからお祈りしないわけにはいかないんだけど、なんかもうね、心がばらけちゃって。神さまの前に出ても、全然祈ることができない。

大嶋 わかります。よくあります。

朝岡 あるときね、うち日曜日礼拝を4回やって一番最初の礼拝は6時半なんですけれども、たまに誰も来られないときあるんです。一人で待ってて、「あっ、今日誰も来ないんだ。じゃあお祈りしよう」と思って。だけどね、なんか祈れないわけ。じゃあどうしようかなと思って、「主の祈り」*を一人、礼拝堂で声に出してお祈りしたんですよ。一回祈って、もう一回祈ろうと思って、もう一回祈って。でもほら、なんというかキリスト教ってあいう、決まりきったことを何度もするのは、形だけであんまりよくないみたいな感覚があるじゃないですか。

主の祈り*
イエスが弟子たちに教えた、「天にいます、わたしたちの父よ」から始まる祈り。大嶋重徳と「主の祈り」をひも解くディボーションガイド『朝夕に祈る主の祈り――30日間のリトリート』（いのちのことば社）は読んでおきたい一冊。

大嶋　特にプロテスタントにはね。

朝岡　そうそう。だけどね、何回も何回も声に出してお祈りしたわけ。そしたらすごくね、この祈りで生き返らされるというか。そういう、すごく大事な経験をさせられたことがあって。

大嶋　大事ですよね。主の祈り。

朝岡　ある16世紀の宗教改革者が遺した文章の中に、「あなたが、もし自分の信仰を疑って、自分の救いについて迷うときがあったら、教会の皆と一緒に主の祈りを祈りなさい」って書いてあった。「それを祈っていることが、あなたが神さまの救いの中にいるということのしるしだ」。それを読んだとき、そうだ！　って思ったんですよ。「信じてるかどうかわかんないから、ちょっと礼拝しばらく休んで、一人になって考えてみます」みたいに言う人時々いるんだけど、そういうときだからこそ。

大嶋　そう！

朝岡　やっぱり礼拝の場に身を置いて。祈れないわたしのために誰かに祈ってもらうとか。自分では賛美なんて歌える気持ちじゃないけど、みんなの賛美の中に身を置くとか。そういうところで、神さまがちゃんと回復させてくれるということがあるなぁと思うんですよね。

大嶋　僕も「主の祈り」って大事だなぁと思ってるんです。主の祈りは、イエスさまが教えてくださった祈りですよね。僕ら人間の思いつきのお祈りじゃなくて、神の子の神の側にある祈りというか。つまり完璧に神のみこころに沿った祈りであるわけです。そういう祈りを教えてくださったんだなと思うときに、その祈りを祈るときに、父なる神と子なるキリストの交わりの中に入れてもらっているという安心感が湧いてくる。そしてその主の祈りが祈られる場所が礼拝なんです。

朝岡　そのとおり。

大嶋　聖書の中で、トマス*が疑った箇所がありますけど（ヨハネの福音書20章24節）、聖書は彼が信じられなかった理由を、疑いやすい人だったとは一言も書いていないんですね。聖書が明らかにするのは、トマスはその日、「弟子たちと一緒にいなかった」という事実なんです。教会の交わりから離れちゃったときに、僕らはいつも迷っていくんです。でも次の日曜日、その日トマスは一緒にいた。そこで彼はイエスさまと出

トマス*
イエスの12使徒の一人。イエスが十字架に架かる前は、「一緒に死のうではないか」と言うほどの熱い人物。復活したイエスが他の弟子たちに現れた際、たまたまその場に居合わせなかったため、「その方の傷跡に指を入れるまで信じない」と復活を疑った。イエスが現れた際は、「わたしの主、わたしの神よ」と告白し、イエスの神性をはっきりと告白した最初の人となる。伝承によれば、インドまで伝道したという。

会えたんですね。ここまで8日間の時間があるわけです。トマスは教会の交わりの中で、悩みの8日を過ごしたんですね。**教会でこそ悩んでいい。**教会こそ神を疑うべき場所なんです。

朝岡　そうそう。

大嶋　疑ったときにこそ、一人になっちゃだめで、疑ったときにこそ礼拝に出て、みんなの交わりの中で言えばいい。トマスの箇所は、僕らがどこで疑うのか、どこで迷うのかを、僕らに教えてくれているんだと思うんです。

朝岡　そうなると信仰ってことも捉え方も少し……何というか。

大嶋　信仰って、「信じる」って言葉を使っていて、決して「悟った」とは言わないじゃないですか。「信じる」ってことは、わからないってことを含み込むんですよ。質問者さんは、今「わからない」っていう信仰の事態に身を置いているんです。「信じる」ということは、認識するでも悟るでも把握するでも理解するでもない。信じるって言葉を使い続ける限り、わからないってことを含み込み続けるんですね。だから今、とても大切な信仰の期間を過ごしているんですよ。

大嶋　もし本気で「教会行きたくないって」なったとしても、クリスチャンの友達に連絡はとっておいた方がいい。

朝岡　日曜日、礼拝に遅れていって、早く帰るのでもいいと思います。

大嶋　絶対一人で、どうにかしようとしないで。「こじらせ」が長引きますから。

朝岡　そう思います。疑いを持つって悪いことじゃないですよね。

大嶋　僕も、天国行ったら神さまに3つ、「あれ納得いってません」っていうことが今もずっとあるんです。あなたが神さまなのになぜこれを、って。

朝岡　それはあるよね。

大嶋　それを抱えながらもなお、終わりの日にすべてのことを教えてくださる神さまがいるんだったら、その「わからない」を抱えて生きるというのも、信じるという歩みの中にずっと含み込まれているんだろうなって。

朝岡　「これ納得できません。神さまどうしてですか?」と問い続ける関係があること自体がすごく大事だなって。質問に「信じるって具体的にどういうプロセスをたどるんですか?」ってあるんですけど、それこそ、単なる知識じゃないんだけど、知ることも大事で。これもいつも言うんだけど、**『ハイデルベルク信仰問答』***の問いで、真の信仰ってなんですかっていう問いに対して、「確かな認識と、心からの信頼だ」ってある。だから、知ることと信頼すること。これは切り離せない。だけど、この知るということも、自分を愛してくださる方を知っていくことで、ますます神さまのことを僕ら

***ハイデルベルク信仰問答**
別名『ハイデルベルク教理問答』1562年、選皇侯フリードリヒ3世の依頼で、Z・ウルジヌスとカスパル・オレヴィアヌスにより起草されたプロテスタントの信仰告白。この信仰告白を学ぶには、朝岡勝著『ハイデルベルク信仰問答を読む――キリストのものとされて生きる』（いのちのことば社）がおすすめ。

も愛する者になってくるというか。好きなもののことって知りたいって思うじゃないですか。

大嶋　うんうん。

朝岡　ほかの人は、どうしてそれに、そこまでって思うかもしれないけれど、自分はそれを知りたいって。神さまとの関係ってそういうことかなと思うし。でも最後は信頼ですよね。知らなきゃ信頼できないから。いきなり会った人に「俺のこと信頼してくれ」って言われてもそれは無理なので。この人信頼できるなって。「大嶋さん信頼できるな。けど、昔、巨人ファンだったたって聞いてちょっと揺らいだな……」みたいなことありますけど（笑）。

大嶋　（苦笑）。

朝岡　けど、この人だったら信頼できるというのがある。神さまとの関係ってそういうことかなと思うと、なんか、こっちが頑張ってどうこうじゃなくて、神さまは神さまなんだと。「あなたのこと愛してますよ、あなたのこと離さないよ」って言ってくださってるんだから。

朝岡　今は、大嶋さんのところ、ご夫妻で阪神ファンですよね。

大嶋　うちの妻が熱狂的なTORACO（阪神ファン女子の総称）でして、本人は虎姫と呼んでくれと（笑）。

朝岡　奥さまのご両親もそうだと。僕が奥さまのお母さまにお会いしたとき、開口一番「昨日のメッセンジャーよかったですね～」って。何の集会の話かと（笑）。

大嶋　メッセンジャーっていうピッチャーがいるんです（笑）。

大嶋　神さまの方がね。

朝岡　ほら、子どもが小さいときに公園なんか連れて行くと、なんででしょうね、高いところから飛びたがるの（笑）。それで、お父さんが「はい、おいで！」って言ったら、高いところからでも飛び降りるじゃないですか。あれ、知らないおじちゃんが、「ほら、おいで！」って言っても行かないじゃないですか。でもお父さんだったら、「お父さんなら、僕、わたしが、飛び込んだらちゃんと受け止めてくれる」それは腕力的にもちゃんと支えるだけの力もあるし。なんと言っても自分をちゃんと抱き留めてくれる、愛してくれるんだ」っていうさ。それなんだと思うんだよね。

大嶋　それは、子どもの経験則があるわけですよね。

朝岡　そうそう。

大嶋　お父さんなら、ちょっと高いところから飛び込んでも、受け止めてくれる。もうちょっと高いところからでも受け止めてくれた。じゃあ、ここでも受け止めてくれるだろうっていう。信じるには時間がいる。さらに信じることの中心は愛。そう思うと、僕らをこんなに愛してくださった、自分はこの罪の問題をどうしようもできなかったのに、十字架と復活で愛してくださったイエスさまの愛を時間をかけて知っていったらいい。この愛で愛してくれる人は誰もいないわけですから。

朝岡 そうなんですよ。その神さまが「ごめん、ちょっと受け止めきれませんでした。あなたのはちょっと、僕には重たすぎました」って言うことは無いわけだから。そういう意味では悩んで、ほんとにこれでいいのかなと思いながら、そのあなたがもう腕の中にいるんだってことですよ。あと聖書読んでいくと、信仰って心の内のただの秘め事じゃなくて、告白する問題っていうのがあって、そういうのって、こういう時代の中でこの国で僕らクリスチャンとして生きているときに、信じたことをちゃんと言い表していく。そのことの大切さを覚えさせられる気がするんです。

大嶋 最近ね。この国では、信じるってことを奪われそうになる感じが出てきている。信仰を公に告白しなくたっていいじゃないか。心の内面で言っておけばいいじゃないか。っていう言葉にさらされる。学校の先生も公務員も。

朝岡 そうですよね。あんたが心で何を信じていてもいいけども、みんなに合わせなさいと。ほかの人がやってるのと同じようにしなさい。そういう力ってのがやっ

大嶋 今は恐れを煽《あお》る、不安を掻き立てられる時代ですよね。外国が攻めてくるとか、いろんなことがあるかもしれない。そうやって恐れが煽られると、怒りにもなるし、猜疑心《さいぎしん》にもなる。「恐れるな」って神さまがおっしゃるのは、恐れが危険なものになっていく面もあると思うんです。

朝岡 ありますね。危うさがあり、対立を生み出していきますし。

ぱりあって。僕ら普通に礼拝するのが当たり前で、それに対してはばかれるものが無いと思うけど、実際にはイエスさまを信じて歩んでいくときに、それが必ずしも自由が保障されているわけじゃない。世界を見れば信仰の迫害が起こっている国もたくさんある。2月のカレンダーを見ると、建国記念の日って書いてあるんですけど、この日を信仰の自由を守る、そのことを確認する日として過ごしてみてほしいと思うんです。

大嶋　日本の教会の中にも、かつての戦前、戦中の時代に信じるということを言うのがはばかれた時代がありました[*]。「信じることよりも大事なことがあるだろう」って。その同調する空気の中に、日本のクリスチャンたちが自らそっち側を選び取っちゃったという歴史を、僕ら日本の教会は持ってるんです。そういうことをきちんと学んだうえで、じゃあこの時代信じることを公にすることがどんな意味を持つのか、そのことも大事に考え続けたいですね。

[*] 太平洋戦争時、日本の多くのキリスト教会は、国家神道体制の下で自律性を失い、天皇を現人神とする国家神道を偶像問題として拒否できず、かえって国民儀礼として受け入れ国策に協力した。また、国家が推進した植民地支配や侵略戦争に加担し、植民地下の諸教会に対し、神社参拝など、偶像礼拝の強要を行った。

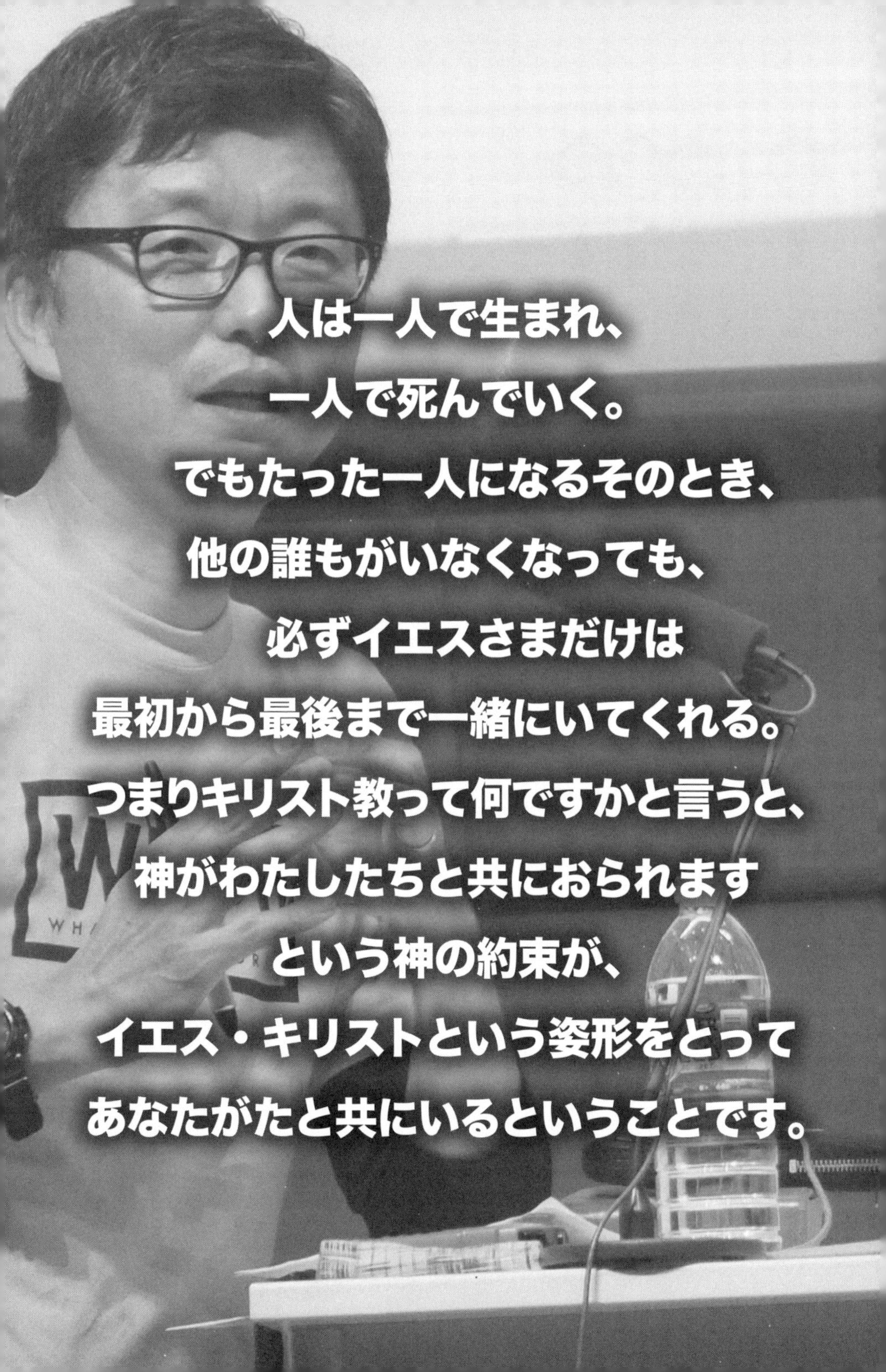

人は一人で生まれ、
一人で死んでいく。
でもたった一人になるそのとき、
他の誰もがいなくなっても、
必ずイエスさまだけは
最初から最後まで一緒にいてくれる。
つまりキリスト教って何ですかと言うと、
神がわたしたちと共におられます
という神の約束が、
イエス・キリストという姿形をとって
あなたがたと共にいるということです。

Episode 10
友達に伝道してみたいのですが……

Q 友達に伝道したいと思っていますが、今のいい関係が変な関係になってしまうのかと心配になってできません。どうしたらいいでしょうか？（10代）

大嶋 うちは阪神ファンなんですけど……。

朝岡 いきなりその話いきますか……。

大嶋 僕ね「阪神ファンはクリスチャンになりやすい」って、よく言ってるんですよ。

朝岡 ほう（笑）。

大嶋　今、阪神強いんで、あれなんですけど。僕らの小学校のころとかめっちゃ弱かったんですよ。でも阪神がどんなに弱くても、どんなに最下位を走っていても、愛し抜くのが阪神ファンなんだと。これは神の愛に通じていると。この阪神を愛せる人はクリスチャンになりやすい。野球の話からしれっと伝道するとかね。

朝岡　わかりますよ（笑）。

大嶋　自然に伝道できるいくつかの話題を持っているといいですよね。

朝岡　また阪神の話ですが、底辺を一緒に生きてきたみたいなね。最初っからバカスカ打っていたわけじゃないんですよ。それがあっての85年*っていうのが、あるわけです。

大嶋　そうですよねぇ。変わらない愛、諦めない愛。これは神さまのご性質ですからね。

朝岡　いきなり阪神の話から始めちゃいましたが、まあまずは「自分クリスチャンだよ」って、そこのカミングアウトができるといいですよね。でも、そこからすでになかなか言えないってのもあるかもしれない。

85年*
１９８５年、吉田義男監督の下１９６４年以来、21年ぶり7度目のリーグ優勝と球団史上初の日本一を達成した。
朝岡　85年、阪神の優勝の時、僕は高校生でしたね。
大嶋　昔は「阪神の優勝を人生で2回見ると死ぬ」っ

大嶋　最初にクリスチャンだって言っておくことは大切ですよね。すごい仲良くなって2年くらいたった時に、急に「わたしクリスチャンなんだ……」って言うと、「え？ なんで今まで黙ってたの？」っていうことになりますね。それは変な関係になっちゃうかもしれないですよね。

朝岡　あとやっぱり、「『宗教ヤバイ』みたいなイメージを持たれているんじゃないか」と、自分が思ってしまってるというのもあるかも。日本人って占いが気になったり、今日のラッキーカラーとか、初詣だとずらずら並ぶ。けれど宗教をガチでやってる人は引いちゃう。恐れちゃう気持ちはあるみたい。

大嶋　なんかヤバイ人みたいに思いやすい。

朝岡　だから自分も「そう思われちゃうんじゃないか」って不安感があるのよね。

大嶋　そう。「でも変なんじゃないよ！ 変なんじゃないよ!!（汗）」って、言えば言うほど変に見えてきますよね（笑）。逆にクリスチャンが、リスク管理みたいに警戒しているところもあると思います。しかし「この信仰こそが自分の人生を変えてくれ

て（笑）。

朝岡　今は強くなりましたよね。

大嶋　息子が生まれた年にも優勝したんですよ。それで井川のユニフォーム来て礼拝行ったんです。優勝記念礼拝とか言って（笑）。その息子も、妻の信仰継承がうまくいって、今ではファンクラブにも入ってる熱狂的なファンですね（笑）。

朝岡　もはや親子で（笑）。

た」と思えていることが大切。そして「**だから友達の人生も変えてくれるものなんだ**」っていうところまで来ないと、胸を張って伝えることができなかったりする。

朝岡　そうだね。さりげなく、「自分クリスチャンです」って出せると、きっかけになるんじゃないかな。

大嶋　僕が大学のときに「なんだ、大嶋。アーメンか」とかバカにしてきた友達がいたんですよ。その時、ちょっとイラっとして「お前、バカにしてんのか?　俺はお前の大事なもの、バカにしてないだろ。なんでお前は俺の大事にしているものバカにするんだ」って、ちょっと本気めで言ったんです。そしたらそいつが「ごめん……」って謝ったんです（笑）。

朝岡　（笑）。日本の中だったら少数派だからすごくマイノリティーになっちゃうんだけど、世界で見れば、クリスチャンやキリスト教は超メジャーですよね。それに自信を持っていいんじゃないですかね。

大嶋　そうですね。

朝岡　とりあえず、ご飯の前にお祈りしてみるとかね（笑）。「今なにしたの?」っ

大嶋　僕、学生時代、路傍伝道してた時期があって。大阪の梅田駅とかで。でも僕が行ってた大学の墨染駅で同じことをできるかって言ったら、できない自分がいたんです。そしたらKGK行ったときに同じゼミの友達を誘っている、チョリーンとした（笑）先輩がいたんですね。普通に日常生活の中で淡々とクリスチャンであることを証している先輩。こちらは派手に路傍伝道している、でも日常でクリスチャンであることを言えてなかった。そういうクリスチャンモードでいられる場所と、そうでない場所の隔たりが大きかったんですね。昔、そんなんだったから、同窓会で「やいニセ牧師」って言われることありますね。「おまえがアーメンって言ってるの聞いたことねぇぞ」って（笑）。

て言われたら、「お祈りしたの」って。

大嶋　僕は、伝道というのは美味いラーメン屋を見つけたようなもんだと思うんです。すごい美味いラーメン屋を見つけた時は、友達に「めっちゃ美味いから！　一緒に行こう。一口食ってみて」と言うはずなんです。絶対に「変なんじゃないよ！　変なんじゃないよ!!」と言わない（笑）。

朝岡　そうやね。

大嶋　その意味では、僕らがまずイエスさまのことを、「めっちゃ美味い」って思ってるかどうかというのがすごく大事。

朝岡　それはありますよ。

大嶋　それで、自分が「あんまり美味くないな」って思ってたら、やっぱり伝道するのも力が入らない。でもイエスさまに救われたのが嬉しくて「めっちゃ美味い」って言ってるときに、「何が美味しいの？」と聞かれても、最初はうまく説明ができない。「あー！　って感じ！（感動）」としか、うまく言えないときもあるんです。

朝岡　（笑）。

大嶋　でも信仰を続けていく中で、聖書を読んでいく中で、少しずつ「この麺の縮れ具合が、スープが絡んで……!!」みたいに、「聖書はこう言っている、神さまこう言っている」と徐々に説明していくことができるようになるんです。

朝岡　なるほど。

大嶋　美味しいものって、最初の一口目から美味いものばっかりでもないでしょ。二口目、三口目でようやく美味しさがわかることがある。だから伝道して断られたとか、一回伝道して空気悪くなっても、自分だって一回目はけっこう断ってたはずなんで。そこで心折れずに、「まあ三回だけは食べてくれる?」っていうくらいの長期戦の覚悟は、必要かもしれませんね。

朝岡　まあやっぱり、その人に内にある喜びみたいなのがあふれて、自然体で伝わるといいと思います。やっぱりみんな伝道するっていうと、急に「伝道しなきゃ」「ちゃんとしなきゃ」ってなるし。

大嶋　「ちゃんとしなきゃクリスチャン」スイッチは、急に入れられると逆に怖いですよね。

朝岡　伝道するって、少しビビったりするんだけど、テモテへの手紙でパウロが言っているように、僕らに与えてくださった聖霊って、臆病の霊じゃないんだと。

大嶋　力と愛と慎みの霊ですよね。

朝岡　慎みも大事だと。

大嶋　イケイケすぎておかしくなっちゃうからね(笑)。

朝岡　そうそう。まあ、上手にやんなきゃなとか、うまくできるかなとか、そういうことじゃないんだと思うんですよね。

大嶋　神さまの愛に捉えられちゃったからね。

朝岡　そう、愛されちゃったらもう行くしかないんですよ。しかもパウロが、ローマ書の10章でね、「良いことを伝える者の足は、なんと美しいことか」と言うんだけど、あの「足」ってのがいいんですよ。

朝岡 今まで普通にしゃべってたのに、伝道の話になったら急に、「では、わたくし一言、お祈りさせていただきます」みたいになると、「あれ、なんで?」ってなるから、普通の会話の中にちょいちょいとね。

大嶋 急に神秘的モードで「主は言われる!」とか言われたら、それはもう怖い（笑）。

朝岡 なので、自然体がいいのではないかと。伝道というと、僕としてはぜひ大嶋さんに聞きたいのが、大学時代の友人。名前出していいんですか?

大嶋 いいですよ。「熊谷」ですよね。

朝岡 僕は「熊谷噺《ばなし》」って言ってるんですが、何度聞いてもいい話。もう古典落語の世界みたいな。

大嶋 僕、学生時代に一つの確信があって。それは、自分を通しては誰もクリスチャンになる人は、いないっていう確信で。

朝岡 ほう（笑）。

大嶋 なぜかと言うと。教会行ったら、礼拝で賛美の奉仕とかして「賛美しま

大嶋 わかるなぁ。

朝岡 口とか、手とかじゃないんだよね。足なんだよね。

大嶋 なんか、埃まみれで……。

朝岡 そういうことなんですよ。足で稼いでなんぼなんですよ、伝道って。……悔い改めよ。

しょ〜う！」とか言って、リードしてるわけですよ。でもそんな感じでは、普段の大学内ではやってないわけです（笑）。

朝岡　うん。ちょっといつもとは別な顔ね……。

大嶋　いつもは学校でも「ふざけんなよ！　おまえ！」みたいなこと言ってたりする。そんな自分をよく知っているいつもの友達たちを、教会に誘って「賛美しましょ〜」とか見せたりしてしまうと……。「おまえ、なんなの？　あの気持ち悪い姿は？」とか言われるんじゃないか……。「これはリスクあり過ぎる。そんな自分を見せたところで誰もクリスチャンになんないだろう」って思っていたんです。

朝岡　（笑）。

大嶋　そしたら大学2年生になった時、自分の部屋に一個下の後輩が来たんです。そのころ、ちょうど部屋の壁に、「祈りの手」の絵をかけていたんですね。するとその後輩が「大嶋さん、なんすか、アーメンですか？」とか言ってきたんですね。これが熊谷ですね（笑）。

朝岡　めざとく、そこを見つけてね（笑）。

大嶋　なんだこいつ、バカにしてんのかとか思いながら。「おぉ、そうだ。アーメンだよ。なんか文句あんのか」と言ったら、そいつが「いや、俺のおふくろ、最近クリスチャンになったんすよ」って言う（笑）。さらに「俺が受験勉強してたら、後ろでまじないみたいな歌、歌ってくんすよ」「……それは、讃美歌っつうんだよ」。「便所に呪いの文句が貼ってて……」「それはみことばだ！」（笑）。

朝岡　（笑）。

大嶋　そんな話をしたあとに、ゴールデンウィークが明けたころ、熊谷がまた部屋に来て、「大嶋さん、実家帰ったら、じいちゃんがおふくろの行ってる教会行きたい、って言ったんです」と。「んで、じいちゃん足悪いから、俺連れてったんですよ。そこで牧師さんがワーって話して、それで終わったあとに、『誰かイエスさま信じる人いますか？』みたいなこと聞いてきたんすよ。それでパッと横向いたら、じいちゃん手を挙げてたんす！　それでヤバイと思って俺も手挙げたんすよ！」とか言って。

朝岡　（笑）。

大嶋　「それでお前信じたの？」って聞いたら、「いや信じてないっす」って言うわけです。

朝岡　でも、手挙げちゃったんですよね。

大嶋　手は挙げちゃった。でも信じてはいないらしい。そして思ったわけです。「これは伝道しろって、神さまが言ってんのかな」って。でも伝道なんてやったこと無いですし、またその熊谷の顔というのが、神さまとか信じなさそうな顔してるんですよ（笑）。

朝岡　顔（笑）。

大嶋　目の下まで髭が生えてるような……。心の中で、「神さま、これはクリスチャンになるタイプの顔じゃありません」とかって祈ってみたり（笑）。でも心の中で「人をうわべで見るな」とか聖書の言葉が出てきたり……。いろんなせめぎ合いがあって「神さま、一応言います」と。「言って断られたら、一応伝道したってことで、セーフにしてください」。

朝岡　で、やりましたと。

大嶋　それで「く、く、く、熊谷。俺と一緒に聖書読んでみいひん?」って聞

大嶋　教会の伝道集会とかに講師で呼んでいただくことあるんですよ。だいたい最初に受付するじゃないですか。そしたら「聖書お持ちですか?」って言われるんですね（笑）。

朝岡　（笑）。

大嶋　「一応持ってます」と（笑）。僕も、見た感じ救われてない感じが出てるんですかね（笑）。「どなたにご紹介されて?」「牧師先生に紹介されて……」とか、席案内されて。それで集会始まって、「メッセージ、大嶋先生です」って講壇に立つと、受付の人が「あっ!!」って（笑）。

朝岡　そういうの楽しいよね。僕もキャンプの講師で呼ばれて、たまたまキャンプ場に一番最初に着いたときがあるんですよ。そのうちキャンプ御一行様がたくさん来て、「よく来られました」

いたんすよね。心の底から「断れ！」って思いながら（笑）。そしたら「はい、いいっすよ」って……。いいって言うんですよ！「……まずいな、これやるしかない」と（笑）。

朝岡　（笑）。

大嶋　僕も体育会系なので、聖書知ってる感のある先輩を出したくなってきて。それでKGK行って、ノンクリスチャンとする聖書の学びの本ないかって聞いて、そしたら『Straight From The Bible』というのを薦められて。それをすごい予習して……（笑）。そして「熊谷、いつだったら聖書の学びできる？」って聞いたら、「木曜日の夜10時からだったら、バイト明けでいけます」って言うから、「じゃあ、待ってる」と。でも、もうその日は6時くらいから緊張して……。

朝岡　なるほど（笑）。

大嶋　部屋を掃除機かけて、「神さま、あと3時間くらいで、熊谷が来ます」って。そしてやっぱりクリスチャンの交わりはクッキーかなって、クッキーもそこらへんに置いたりして（笑）。「神さま、熊谷が今から来ます」ってお祈りして、10時になったんです。そしたら熊谷が来ないいんすよ。

って出迎えたら、「荷物どこ置いたらいいですか？　これ持っていっていただけますか？」とか言われるので、「わかりました！」って（笑）。完全にキャンプ場の人だと思われるんですね。

大嶋　自分からは言わずにね（笑）。

朝岡　そういうの楽しみたいタイプで（笑）。「長旅お疲れさまでした。スリッパこちらどうぞ……」とかしてたら、僕のこと知ってる人が、「朝岡先生！」って言ったら、みんなが「えっ！」って顔して（笑）。

朝岡　おお。来ない。

大嶋　10時半になっても来ない。11時になっても来ない。で、やっぱり来ないかなと。しょせん来ないよなぁと思って、クッキー食べようって。

朝岡　うん。

大嶋　そしたら12時過ぎたあたりで、ドアをドンドンドン！ってノックして、「大嶋さん、すんません！彼女と揉めてました！」って入ってきて（笑）。

朝岡　なるほど（笑）。

大嶋　「おまえ、今から聖書の学びやる？」って聞いたら、「やります」と。そこから朝4時くらいまで。

朝岡　へぇ〜！

大嶋　でもほとんど彼女の話（笑）。

朝岡　ははは（笑）。

大嶋　でもそれで、またやる？って聞いたら「やります」って。続けてる中でね、熊谷が、「大嶋さん、人を赦すって言うのは、本当に赦された経験がないとできないっすね」とか言うんですよ。それ聞いて「熊谷、おまえ深いなぁ！」とか。

朝岡　おぉ。

大嶋　やっぱり、みんな、ノンクリスチャンの人も考えてるんだなぁって思うんですよ。でも、どこで深く考えていることをしゃべったらいいかわからない。それで4回目の学びのときに、「熊谷、おまえイエスさま信じるか？」って聞いたら、「はいっ、信じます」って言うんですね。で、どこかの牧師先生がやってた真似をしようと思って。「熊谷、俺の後に続いて祈って」って言って。「イエスさま」って言ったら熊谷が「イエスさま」って言うんです。「僕は罪人です」って言ったら「僕は罪人です」って言うんすよね。

朝岡　なるほど、素直に。

大嶋　「僕にはイエスさまの十字架がぁ……」なんかもう祈ってる間に、こっちが泣けてきちゃって（笑）。終わったあと、「おまえもう帰れ！」って（笑）。絶対こいつに泣いてるとこ見せてたまるかって。……僕は、最初信じてなかったんですよ。熊谷が救われるなんて。

朝岡　顔からして。

大嶋　家族に伝道したいって方もいらっしゃいますよね。

朝岡　今の時代、カルト的な宗教もあるから、家族からしたら、宗教に子どもを取られたみたいに感じられてしまうこともあるんですよね。だから、長期休みなんかは、ちゃんと実家に帰ってね。

大嶋　まず家族を愛するってことですよね。「あんたクリスチャンになってから家のことよくやるようになったね」って言われるようにね。そういうこと大事ですよね。

朝岡　クリスチャンになったんだから、証しなきゃとか、伝道しなきゃって、あんまり力入れずに、自然にその人の中から出てくるものがあるといいのかなって気がします。

大嶋　実家帰って、親が10代20代に考えていたことを

大嶋　顔からして（笑）。何より自分を通して、救いが起こるなんて思ってないのに。でも神さまの方は「本気なんだな」って、このことを通して思い知らされたというか。自分の部屋には、いろんなところに罪が隠してあるわけですよ。でもこの部屋でもイエスさまはいて、事を成すんだっていう、それを知れたっていうのは大きかったですね。

朝岡　その後、熊谷さんは。

大嶋　熊谷もお互い40歳半ばですけど、今では教会の役員やってるんですよ。素敵で綺麗なクリスチャンの奥さんと結婚して、可愛い子どもも生まれて。奇跡続行中なんです（笑）。

朝岡　いつかゲストに。

大嶋　それは危ないです。何を言うかわからない（笑）。先生の友達では？

朝岡　これは、僕が牧師になってからの話なんですが、僕は22歳で教会に遣わされて、恥ずかしい話、人を救いに導く経験が本当に無かったの。

大嶋　うん。

聞いてみるとか。実はそのストーリーに共感できることがあったりして。子どもが小さいころは、親の人生って関心ないですけど、20代になった子どもが、自分の人生に関心払って聞いてくれると、子どもの人生に起こったことを聞いてみようかなって思うかもしれない。うちのおふくろは、いつも「わたしらの信仰は、ノンクリスチャンのお父さんに守られてることを忘れたらあかんで」って言ってたんです。日曜日車出して教会に送ってくれたりとか。賜物として自分の家族を見つめるというか、自分を今に至るまで支えてくれた家族を、やがて一緒に礼拝できるようになる家族として見つめるというかね。おふくろは、何度もおやじに伝道するんです。そして結婚して47年経ってクリスチャンに

朝岡　教会に遣わされて2年目くらいになったときに、そろそろ誰か自分を通して、イエスさまに出会ってほしいなと思ってて。そのとき教会で一人、社会人になって2年目くらいの女の子が友達に誘われて礼拝に来るようになってた。で、その子が聖書を学んでみたいということだったので、そのクリスチャンの友達と一緒に、毎週金曜日の夜、仕事終わりに教会に来てもらうようになったの。

大嶋　いいですね。

朝岡　3人で1時間くらい聖書読んで信仰について話すってことを1年くらい毎週やったんです。毎週毎週、晩ご飯も食べずに一時間くらいやって、一通り信仰の話をして、最後にイエスさまの十字架、復活、それを信じるとはどういうことですか、悔い改めとは……とかいろいろとやって。それで、そろそろイエスさまを信じていいころなんじゃないかなと思って、その子に「どう？」って聞いたの。

大嶋　うん。

朝岡　そしたらね。「う〜ん」って（笑）。「イエスさま信じる？」「う〜ん」「まだちょっとわかんない？」「う〜ん」。

父がなったんです。母は「荒野の40年や足らんかった。7年オーバーや」って（笑）。家族を愛するってことは諦めないことなんだと、母の姿から学びましたね。

朝岡　もちろん家族のために祈るし、教会はよく家族に伝道しましょうって言うんだけど。「この人は布教する対象だ」なんて思わなくてよくて。家族で一人クリスチャンになると、いっときギクシャクしちゃうときもあるかもしれないけど、本当に自分にとって大事な、お父さんお母さん、家族なんだって思うところに、自然に出てくる敬いが大事で。クリスチャンになるって違う人間になるわけじゃなくて、本当の自分自身を回復させていただくわけだから。その人の内側に感謝や愛があふれていくと、やっぱり一番近くにい

大嶋　（笑）。

朝岡　なんかはっきりしないんですよ。そういう感じの子なの、ほんわかした。そうかぁと思って、「じゃあどうする？」って聞いたら、「もう一回学びたいです」って。

大嶋　ほお。

朝岡　その友達に、「もう一回学びたいって言ってるけどどうする？」って聞いたら「いいです」って言ってくれたんでまた一から戻って、もう一回やったんですよ。毎週金曜日。それでも彼女、来るから偉いですよね。その友達も。

大嶋　偉いです。

朝岡　ある日、主任牧師から、「○○ちゃんが洗礼を受けたいって言ってきたよ」って。

大嶋　あれ（笑）。

朝岡　それは良かった、イエスさま信じたんだ……と思って。なんで言ってくれないんだというのも若干ありましたけど。

大嶋　そうね、主任牧師に言うよりね。こっちに先に言ってほしいですよ（笑）。

る家族は、そこから感じることがあるんじゃないかと思いますね。
大嶋　僕らの信じてる聖書は、家族大事にしなさいって言ってくるんです。だから神さまを、聖書を大事にするなら、家族も大事にせざるを得ないですよね。

朝岡　まあ、責任者ですからね。それで、主任の先生が洗礼の準備とかをしてくださって。いよいよ洗礼式の礼拝を迎えたわけ。その教会では、洗礼式の前にどうして自分は信仰を持ったか、イエスさまを信じたかという証をみんなの前でするんですよ。ほら、そこで期待しちゃうわけ。毎週金曜日ご飯も食べずに、二順もやってきたから。やっぱり、なんか期待するじゃないですか。

大嶋　ものすごく時間をかけてやってきたからね。「朝岡先生と学びをしたあの期間によって……」とか。

朝岡　そしたら、その子が証で「わたしがイエスさまを信じる決心をしたのは、ラジオの福音放送を聴いて」って……。

大嶋　ははは（笑）。うそーん。

朝岡　えーー！　って、礼拝堂の椅子から転げ落ちそうに……。

大嶋　2年弱（笑）。

朝岡　2年弱。毎週金曜日ご飯も食べず……。

大嶋　朝岡の「あ」の字も出ず。

***福音放送**
PBAの「世の光」、近畿福音放送伝道協力会「福音の光」、日本FEBCの「恵子の郵便ポスト」、RCJメディアミニストリーの「あさのことば」など、宣教団体、教団、地域教会の協力会によって、各地で公共の放送局を通して放送されるキリスト教番組。

朝岡　もう何にもなし（笑）。ラジオで福音を聞いてイエスさまを信じました。拍手。

大嶋　（笑）。

朝岡　ということがあって。それで僕は学びましたね。人を救うのは神さまだと。

大嶋　なるほど（笑）。

朝岡　僕が導きましたとは何も言えない。どうやって伝道したらとか思うんだけど、もちろん、どうしたらうまく伝えられるかとか、引かれちゃうんじゃないかとか、いろいろあるんだけど、とにかくいいものだって確信があるなら、神さまどうにでも用いてくれるので。

大嶋　今の話聞いて、切なくなるけど、面白い（笑）。今、その子は？

朝岡　もうね、結婚してクリスチャンホーム築いて。今も年賀状くれますけど。

大嶋　その話は、その子には。

朝岡　まだしてないですけど。これでバレるかも。

大嶋　あ、わたしのことだって（笑）。

朝岡　でも、あれでよかった。そういうのって傲慢《ごうまん》になるじゃないですか。あの人は僕が救いに導きましたって。僕は言いたいタイプなので。

大嶋　だから、「俺がこうやったら、こうやって救われた」とか神さま、言わせないようにね。

朝岡　そうそう、言わせないのよ。だから僕らはとにかく、「*あなたのパンを水の上に投げなさい」（伝道者の書／コヘレトの言葉11章1節）って。

大嶋　そう、投げることをやめない。

朝岡　「阪神」で始まって、「投げる」で終わる。

*あなたのパンを
水の上に投げよ
ずっと後の日になって
あなたはそれを見いだそう。

番組ディレクターより

COLUMN | コラム④

Hiraku Hosokawa

番組の裏側

番組には台本、スクリプトと呼ばれるものを通常は用意しています。僕らが作っている番組の「世の光」というラジオ番組では、基本的に完全原稿に近い形。「世の光」は放送局で放送するので時間（尺）が決まっているので、「おはようございます」から「さわやかにお過ごしください!」まで、ほぼ用意します。それを、いかに原稿読んでますふうに聞かせず、自然な語り口調で届けるかが音声番組の難しいところであり、一つの肝でしょうか。

WTPはというと、このスクリプトがほとんどありません。「全くない」と番組ではパーソナリティたちは言っていますがね、一応用意はしているんです。用意してもほとんど使ってくれないんです……。と言っても、用意するのは冒頭の番組のさわりのトークの流れや題材、ゲストの情報など、これは伝えてもらわねばというものと、番組のテーマとなる素材やヒントくらいですが。WTPの良さは、そこから自然に話が進んで、読んでいる感がどこにもないことや（実際に読んでないし）、この話はどこにいくのかとか、このどうでもいい話（失礼）はいつまでいくのかというあの緩さと自然さでしょうか。ただ、台本がないので意外にも2人の声がよくかぶることがあるので、そこは編集で。そして、番組のラスト。「最後の締めのいいところは、このオレが!!」という、二人の目に見えない火花が見えたり見えなかったり……。

Episode 11
病気の人のために祈るとき

Q

外国に住んでいる友人がガンになってしまいました。お見舞いにも行けずに、祈ることしかできませんが、祈っても無力感を感じます。なんの意味も無いのではと思ったり、そういう自分はクリスチャン失格と思ったりします。けれども彼女の治療のためには毎日祈ると決めて祈っています。お二人は病気の人のために祈るときはどういう祈りをしていますか。

朝岡　なるほど。

大嶋　先生はどんなお祈りをしますか。

朝岡　病気の人のための祈りって、とりなしの祈りだよね。クリスチャンの中でとりなしの祈りって大切だと思うし、それはボリュームとしては一番大きいですよね。

大嶋 うん。

朝岡 毎日の祈りの中でも、病気の人とか、体の弱さを覚えている人とか、お年寄りとかで、だんだん体の自由が利かなくなっている人とか、それに寄り添ったり付き添っている家族のための祈りってのは、本当に毎日祈っている。やっぱり一番は本当に癒されることを信じて祈りますけども。と同時に、その病を通して神さまのみわざが現れるようにと。

大嶋 神の栄光の現れをね。

朝岡 そう。どういう現れ方かわからないけど、でもその病を通しても何かをその人の人生の中で成そうとしておられると思うと、それを僕らにも信じて待ち望ませてくださいという祈りは、併せていつもするようにしてるんですよね。決して病=悪とか、悪いこと、ましてや罪の結果とは思わないし。そういう祈りの一番深いところを経験させられる世界かなと思いますけどね。

大嶋 聖書にイエスさまがシロアムの池で目の不自由な人を癒す話があります

朝岡 ヨハネの福音書17章の「大祭司の祈り」が好きなんですよ。イエスさまがとりなしの祈りをしてくださっている箇所で。最後の晩餐で、イエスさまが別れの説教をして、弟子たちの足を洗ったあとにする、父なる神に祈られる長い祈りですけど。考えてみるとすごい箇所で、イエスさまが父なる神に祈っていることを知れちゃう箇所なんです。本当は、秘められた世界を、僕らはそれを垣間見させていただけるんです。そこでイエスさまがどんな祈りをしているかっていうと、僕らのためにとりなして祈ってくれているわけですよ！「彼らのためにお願いします」って祈ってくれてる。イエスさまは僕らをとりなし続けてくれているんです。

けど（ヨハネの福音書9章）。彼の目が見えないのは、親のせいなのか、本人のせいなのかと弟子が問うとき、「神のわざがこの人に現れるためです」ってイエスさまがおっしゃって。

朝岡　そう。みんな過去に縛り付けるけど、過去じゃないんだってね。

大嶋　どこかで僕らは、「祈りが足りなかったせいじゃないか」って思ったりすることもあるじゃないですか。信仰が足りなかったせいだとか、因果応報になっちゃう。

朝岡　そうそうそう。

大嶋　何かをしなかったから、こうやって罰が当てられたんだとか。病気になってしまったときによく起こるってことが、責めちゃうこと。自分を責めたり、あるいは祈りが足りなかったんじゃないかって。信仰に熱心だし、真実にまじめに向かい合ってるからこそ、そうやって自分を責めたりすることがある。けど朝岡先生がおっしゃったように、神の栄光がこのことを通してどう現されていくのか、自分自身もこの事柄を通して、どんな神の栄光を見せていただけるのか……。それを考えていたいと思う。

朝岡　そう思います。

大嶋　でも一方で、病になっている本人の前でお祈りをするときに、そんなに簡単に「神の栄光を」と祈ることなんかできない。なんて祈ればいいのか、祈りの言葉が出てこないようなときってあるじゃないですか。

朝岡　そうだね。でもかえって、その方が真実じゃないかという気がします。そのときって……、言葉にならないですよね。

大嶋　ならない。

朝岡　僕の教会でも、年齢関係なく、いろんな病の問題が起こる。そのときって、最初、「いや、ちょっと神さまそれはないんじゃないの。これはひどいんじゃないですか？　なんでこの人に、なんでこのタイミングでこういう苦しみに遭わせるんですか？　そりゃないですよ」っていう祈りになる。自分の知らない人でもそう思うときもありますよ。最初っからいきなり「神さま、この病を通して……」って、最終的にはそこに行くんだけど、最初はやっぱり一緒に、「いや、神さま。ちょっとそりゃないですよ」ってところから始まるかな。僕はいつも、ヨブの友達[*]の姿を思って。

大嶋　ヨブのところに来てくれた彼らね。

[*] **ヨブの友達**
旧約聖書ヨブ記。突然、幾度なる不幸に見舞われた、善良な信仰者ヨブを慰めに、三人の友人が会いにくる。

朝岡　みんな善意で、みんなヨブ思いで、わざわざ訪ねに来てくれたでしょ。それで、彼の姿を見て泣いてくれて。だけど、彼らの言葉はヨブにとっては慰めにならないっていう。それは、僕は大事なことだなぁというか。結局僕らも、どうやったってそういう部分がゼロにはならないじゃないですか。ヨブの友達のようにはなるまいと思っても、なっちゃってるときって絶対あるし。だからどこまで真実でいられるのかって、いつも問われる気がしますよね。

大嶋　そうですよね。だから、さっきの神の栄光が現れ……なんてのも一つの答えだけれども、それをヨブの友達のように、「それは神の栄光が現れるためだよ」って言っちゃってもね。

朝岡　そうそう、それはないよね。意味づけできないからね。

大嶋　だから、ヨブの友達が一緒になって衣引き裂いて、灰被って。ヨブにとって、その場所に友達が来てくれたってのが、一番嬉しかったんじゃないかと思う。あの後、ヨブってだんだん正直になっていくじゃないですか。それまでのヨブって、ものわかりのいい信仰者でしょ。最初、いろんなものを失ったときも、「主は与え、主は取られる」とか言っちゃって。いい信仰者、いつもいい信仰の言葉を言う人。

朝岡　確かに。

大嶋　それもヨブの真実な姿であったけれども。その後、自分の体が病に蝕まれていく中で、奥さんからは「神呪って死ね」とか言われちゃって。それでも信仰的に言おうとしたけれども、友達三人来てくれて。今度は、友達がわかったようなこと言い始めたときに、初めてヨブは神さまに対して怒り始めるでしょ。「俺、納得いってない。いろいろ言ってんけど、お前に俺の何がわかるんだ。俺は神のやってること認めないぞ」と。

朝岡　そうね。

大嶋　僕はね。神さまはああいう祈りをさせてくださるんだ、ああいう祈りをしていいんだっていうことをヨブ記を通して僕らに教えてくださっているんだと思うんです。

朝岡　そういう意味では、友達も用いられたんじゃないかなって思う。やっぱり、彼らがヨブのところに来たってのは大きい。ヨブの妻も**イゼベル***と**ヘロデヤ***とで「三

イゼベル*
旧約聖書に登場する古代イスラエルの王女。イスラエルに異教のバアル信仰を持ち込んだ。

ヘロデヤ*
新約聖書に登場する、ユダヤの王ヘロデ・アンティパスの妻。夫をそそのかし、自身の結婚を不当だと非難したバプテスマのヨハネを処刑させる。

大悪妻」みたいに言われていて、「神を呪って死になさい」って言うのもひどい奥さんだと思うんだけど、あの状況になっても、なおも妻はヨブと一緒にいるんですよね。共にあるってことは、実際お見舞いに行って、何にも言えなくても、その姿を見るとほんとに言葉にならなくても、そこに行ったという祈りかもしれない。海外にいたり、遠くの場所にいる人のために祈ったりするとき、祈っている言葉が大事なんじゃなくて、その人を思っていることが、神さまの前に共にあることの一つの姿かなと思う。

大嶋　そう思います。

朝岡　なんていうかな、そういうの大事ですよね。僕も入院したときに、大嶋さんが奥さまとすぐにお見舞いに来てくれたけど、やっぱり嬉しかったですよね。大した病気じゃなかったけど、「ああ、ちゃんと来てくれるんだ」って。なんかありがとうございました（笑）。

大嶋　牧師の働きの中心って何なのかって話をしてきて、やっぱり説教だとか、祈りだとか言われるけども、それに併せて訪問ってのもあるじゃないですか。病んでいる人のところに行って手を置いて祈る。お見舞いって、忙しくても何を置いてでも行かなければいけないことで。

朝岡　それって大きいんですよね。僕ね、こう見えて少年時代病弱で。病気でずっと家で寝てた時期があるんですよ。そのとき東京で牧師をやってたうちのじいちゃんが、ある日突然家に来て。僕は小学校2年生くらいで、なんのことかよくわからない。ベッドで寝てたら、僕の頭に手を置いて祈ってくれて、すぐ帰って行ったんですよ。どっかの奉仕に行く途中で、僕が病気で寝てること聞いてわざわざ、2、3時間かけて、その一言のお祈りをするためだけに来てくれた。

大嶋　へぇ〜。

朝岡　それは幼いながらに、うちのじいさんはすげぇなって思った。「お祈りしかできなくて」って言うけど、いや祈ってくれてるってどんだけなことかなって。質問者の方の場合はなかなか行けない距離だけど、でも祈るってことは、やっぱりそれは共にいるんだと思うんですよね。

大嶋　僕も、「玄関先でいいのでちょっと祈ってもいいですか」って言ってくれた牧師の訪問って、一生忘れないと思うんですよ。どんな祈りの言葉を言ってくれたかって、あんまり覚えてなかったりするし、自分も行って、何を祈ってきたか覚えてないときもある。「治してください、絶対治してください」しか言ってなかった気もする。それでもやっぱり、来てくれたこと、行くこと。うん。

朝岡　そうね。それ大事だよね。うちの教会のある人が、急に病気で倒れて。生きるか死ぬかの状態で担ぎ込まれた病院が、家から電車で一時間ちょっとのところだったんだけど、もうICU（集中治療室）入っちゃって会えないんですよ。だけどなんだかね、もちろん家で祈っていてもいいんだけど、ちょっとでもその人の近くで祈りたいなって思って。毎日行ったのね。入れないからロビーで聖書開いて読んで、奥さんに会えれば、奥さんに声かけて一緒に祈るけど。「気にしなくていいですよ。僕は自分で来て祈って帰りますから」って言って。なんだろ、お祈りだからどこで祈っても神さま聞いてくれてますってのがあるじゃないですか。でもやっぱり、そういうある一つの体を伴う祈りの形っていうか。

大嶋　あると思います。僕はどんなに忙しくても、そこを軽んじない人でいたいと思うんですよね。とりあえずでも行く。行って祈る。この間も、僕の友達の奥さん

大嶋　KGKの学生の話なのですが。教会に忘れ物して、水曜日に取りに行ったら、たまたま祈祷会をやっていて、まさにそこで自分の名前が挙げられて祈られていたんだと。その祈りを聞いて号泣したんだと。自分はこんなに人のために祈ったこと無かったけれど、この教会の祈りがあったから、自分はここまで来れたんだとわかったって話してくれました。

がガンになっちゃってね。もう、顔を見るのもつらくて。でも行く。顔見られるかどうかわかんないけど、行くからって。一瞬でも時間があったら、その一瞬を祈るためだけでも行かしてくれって。もしそれ僕が行かなかったら、今度は今度で、自分のためにも苦しくなるっていうか。でもね、行って祈ると、こちらが励まされて帰ってくるんですよね。

朝岡　そうそう。

大嶋　そこで神のみわざを見るっていうか、そこにいる信仰者もつらいし大変なんだけど。でも自分以上に神の栄光を見ようとしている姿に立ち会えるっていうことを、神さまがちゃんと用意してくれたりもして。以前、横浜で牧会していた先生が、膵臓ガンになって病院に入ったんですよ。お見舞いに何持って行ったらいいかなと思って、「吉本新喜劇のＤＶＤだ！」と（笑）。

朝岡　（笑）。

大嶋　で、持って行ったら、「でかした！　お前はわかっとる！」って褒めてもらって（笑）。そしたらその先生、「不思議なほど平安だ」って言うんですよね。僕は「先生、嘘つかないでくれ」と言っちゃったんです。「先生の子どもまだ小さいじゃないですか」と。僕は、自分の説教で神の平安について語りながら、自分があの立場だったら平安でいられないんじゃないかと思った。「先生、本当のところはどうなの」って言ったら、その先生が、「これは神業が起こるんだ」と、言ってくれたんです。「な、俺強がってるんじゃないで」って。

朝岡　なるほど。

大嶋　「俺な、自分でもこんな心境になると思ってなかった。もしかしたら、これから先も苦しむかもしれないし。それはわからん。でも今俺、神業で平安や」と。さらに「子どもは神さまがこっから先なんとかしてくれる。そこは、子どもと神さまの世界なんや。俺はもう……」僕はね、しびれた。そういう信仰の言葉がこの地上にあるんだって思ったんです。同時に、やっぱりそこに神さまの栄光が現れるんだ、ということを見せていただいたような経験だったんです。その先生はもう先に天に行っちゃいましたけど。この間神戸で奥さんの牧師先生と会ってね。「しげ、元気か?」って、明るく言ってもらって。

朝岡　なんというかね。もう、人の入り込めない世界になっていくんですよね。この人、人間的にはものすごい大変で、極限的な状況にいるけど、既にそこは神さまの支配の中で、もうそっちに行ってるんだっていう。それは、人の慰めとかなんとかが全く必要ないというか。だからある種、突き抜けたところにある平安というか。そういう世界はすごく不思議だけど、ああ神さまがそういうところに、この人を置いてくださっているんだなって思うんですよ。

大嶋　なのでぜひ祈ってあげて欲しい。「祈ってるよ」ってことをいっぱい伝えてあげたいって思うんですよ。痛いし苦しいかもしれない、けれども、この時間祈ってるあなたがいるってことを知れるということが大きいと思います。

朝岡　僕、病院にお見舞いに行くと必ず詩篇の3篇、4篇を読むんですよ。「私は、身を横たえて眠る、主がささえてくださるから」「知れ。主はご自分の聖徒を特別に扱われるのだ」っていうところで。「聖徒」って新共同訳聖書だと、「主の慈しみに生きる人」。だから神さまは、ご自分の慈しみを注いだ人をちゃんと特別扱いしてくれるんです。だから今日も安心して夜、痛み無く眠れるといいですねって声をかけて祈って帰っ

朝岡　聖書には「恐れるな」って繰り返し出てくる。それだけ人間が「恐れ」の中にあることがわかるから「恐れるな」って言うんだと思う。神さまの励ましで、「恐れるな」っていう言葉とワンセットになっているのは、「わたしはあなたと共にいる」っていう言葉です。そこだなって、思うんです。わたしが一緒にいるから恐れるな、って。そこが一番大きな慰めだなって思います。

てくるんです。そういう祈りを、わたしたちもその方のためにさせていただきたいと思います。

大嶋　お見舞いのときは、ぜひ聖書持って行って「祈っていい？」って言ってあげてほしいと思うんです。隣のベッドが気になっても。でも、祈って帰ってくることの大きな意味を作ってあげてほしいと思います。

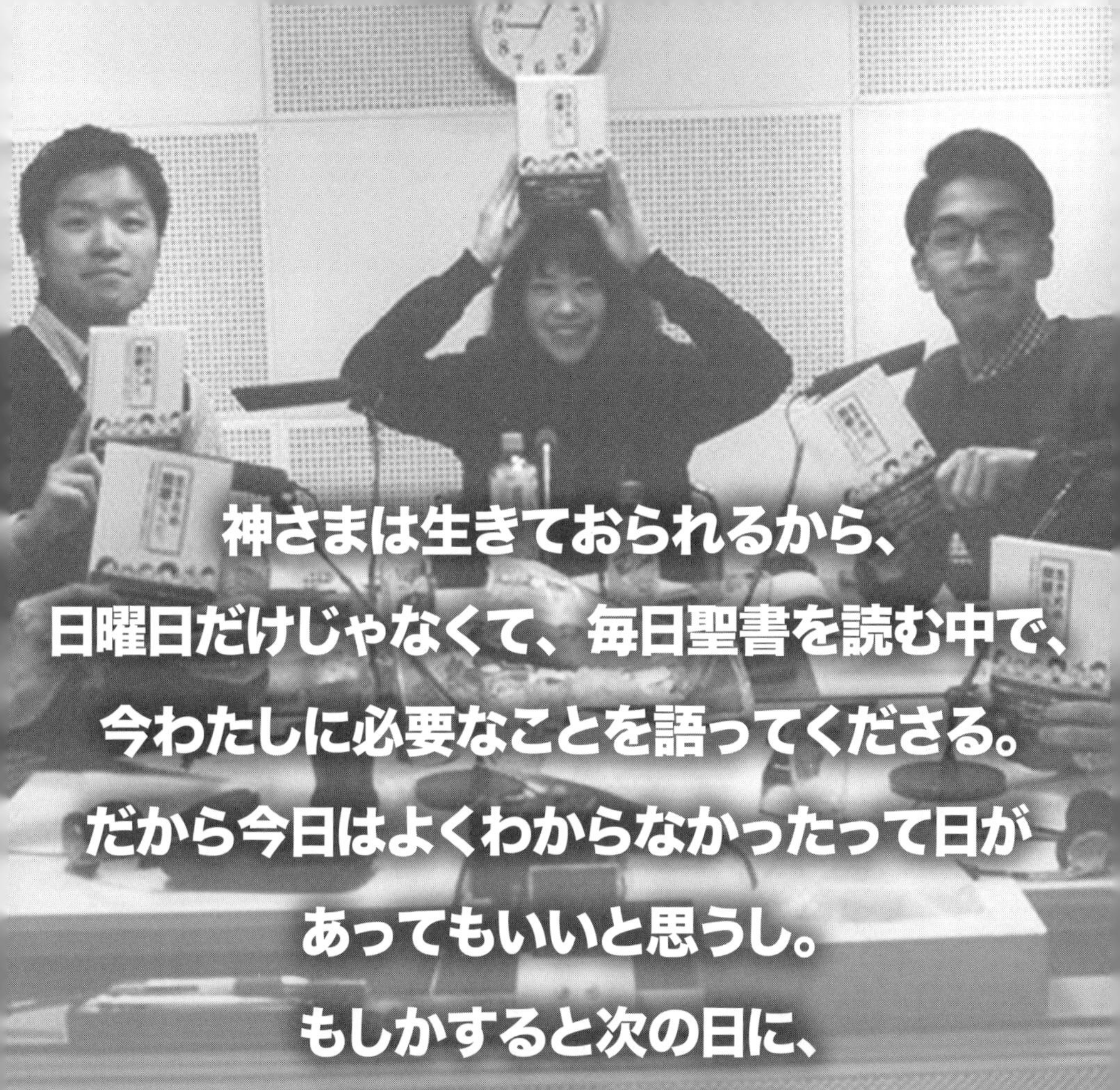

神さまは生きておられるから、
日曜日だけじゃなくて、毎日聖書を読む中で、
今わたしに必要なことを語ってくださる。
だから今日はよくわからなかったって日が
あってもいいと思うし。
もしかすると次の日に、
その日の流れの中で
わかってくることもあると思う。

Episode 12
聖書を読むコツを教えてください

Q

聖書の読み方がよくわからず、ひたすら通読して思ったこと感じたこと、語られたことをノートに書いています。日常生活で聖書を学ぶとはどういうことでしょうか。聖書を読むコツがあれば教えてください。とりあえず聖書も一巡しましたが、民数記が意味わからなすぎて、苦痛だったのですが、あれはどう受け止めるべきだったのでしょうか。（20代）

朝岡勝&大嶋重徳×佐藤勇（お茶の水クリスチャン・センター スタッフ）
桑島みくに（大学生〈収録当時〉）
吉村直人（KGK主事〈収録当時〉）

全員　いい質問〜。

朝岡　みなさんどうですか？　一巡したって、これ偉いね。

佐藤&吉村　すごいっすね！

朝岡　聖書の読み方で、みなさんも何か……アイデアがあれば。

佐藤　僕にとって目から鱗だったのは……。もともといつも何かを受け取ろうと思って、聖書を読みに行っていたんですよ。「今日のわたしの生き方にどうかインパクトを！」みたいな感じで（笑）。

吉村　わかる（笑）。

佐藤　そんなとき、ある牧師先生に「とにかく読め」と。

桑島　（笑）。

佐藤　「**意味わかんなかったら、意味わかんなかったで、閉じていい**」と。で「読めるところまで読んで、今日は終わりでそれでいい。意味ある発見とか、生き方を変える一言とか、そういうものを見つけようとして読むと、力が入るから、もっと、ただ読みなさい」って言われて。

朝岡　聖書の通読がすさまじい先生がいまして。たぶん1000回くらい通読してて。

大嶋　1000回!?

朝岡　最近は2週間で一回通読するんだと。

大嶋　ほんとですか！（笑）どうしたらできるんですかね……？

朝岡　新しく出た『新改訳2017』も印刷前にチェックを頼まれたらしく。4回読んだって（笑）。ある聖書箇所から説教をするにも、何度も体に染み込むくらい読んでるから、あらゆるものが控えているですって。

朝岡　おぉ。

佐藤　それがけっこう「ほぅ」って、ホロっとして。それでちょっと肩の力を抜いて読み始める生活を始めたら、その日は、そんな面白くないんですね。創世記の終わりを読んだりしながら「ヨセフ頑張ってんな。まあそんな感じか」みたいな。でも、ちょっと**聖書そのものと仲良くなっていく**感じがあって。

朝岡　はいはいはい。なるほどね。

佐藤　聖書読もうってときに、なんか「よいしょっ」っていうエネルギーがちょっとずつ少なくなっていって。パラパラって読んで、閉じるっていう生活の中で、ふと励まされたりだとか、すごく日常的な日々の中で、慰められたり支えられたりすることが起こって、「あっ、これも聖書の読み方なんだ」って思ったことありましたね。

大嶋　友達と出会うってそうじゃない。「今日のこの友達との時間を意味のある時間を……」とか気合い入れて言われたらそれは重いしさ（笑）。

佐藤　僕ちょっとそういうとこある（笑）。

吉村　なんとなくわかりますね（笑）。

朝岡　旧約聖書って面白いですよね。やっぱり創世記ですよ。

大嶋　ですね、よく「聖書ってどこから読んだらいいですか?」「新約聖書からがいいんじゃないですか」ってやりとりを聞くんですが、あれは、映画のクライマックスから見るようなもんだと思っていて。映画って残り30分から見てもね。だからオープニングの創世記ちゃんと読んどかないと新約聖書もわからないじゃないですか。

朝岡　そう。またね、創世記って人間が面白いんですよね。

大嶋　創世記から読んで、出エジプトできないって場

大嶋　でも、自然と親しくなるというのは、なんてことのない時間も一緒にいるし、そういうのはあるよね。そんな感じでの聖書との付き合い方はあるんじゃないですかね。みくにちゃんは？

桑島　う〜ん。勇くんみたいに、通読で、どんどん読み進めていくのも大事だし、少しの箇所を深くゆっくり味わうのも大事だと思ってて。みことばそのものを味わうことも、その意味をよく調べることも、時には、誰かのメッセージやディボーションテキストから得ることも、全部大事かなと思いますね。

大嶋　うんうん。

桑島　だから通読も毎日やっていけばいいし、ほんの少しのみことばをゆっくり味わうことも大事だし。神さまって生きておられるから、みことばを通して、今必要なことをいろんなところから語られるし、そこに期待をしていいなと思ってて。

朝岡　なるほど。

桑島　毎週教会に行って説教を聞いていますけど、この牧師先生、わたしの生活を全部知ってるんじゃないかと思うほどに、毎週「わたしに直接語ってくれてる！」っ

合は……。

朝岡　逆に後ろのマラキ書から呼んでみるってのもいいかも。

大嶋　マラキ書いいですよね。小預言書で、まだ読んだことが無いって箇所を読んでみるのもね！

朝岡　そしたらね、教会の青年会とかで自慢できるから。

大嶋　「マラキから教えられちゃったんだよね〜」とか言っちゃったり。いいクリスチャンになったなぁみたいな（笑）。

朝岡　腹黒い（笑）。

てすごく思うんですよ。だから生きた神さまのみことばが、牧師先生を通してわたしに必要なことを語ってくれているなと思う。

吉村　うん。

桑島　日曜日だけじゃなくて、毎日聖書を読む中で、神さまは今わたしに必要なことを伝えてくれる。かと言って、今日はわからなかったって日があってもいいと思う。もしかすると次の日に、その日の流れの中でわかってくることもあると思うし。うん。だから**生きて語ってくださる神さまに期待すること**が大事かなと思います!

大嶋　直人さんは?

吉村　僕は、まず聖書を読んで、ノートを取っているってすごいなって思いました。僕は、そういうのあんまりできないタイプで(笑)。

朝岡　ふふ(笑)。

吉村　できるようになったらいいなって思うんですけど。僕は、自分のディボーションのルールみたいなのを決めていて。僕は〝お勉強〟になっちゃうと、途端にだめになっちゃうんですね。

大嶋　3人は礼拝の説教なんかはどう聞いてますか?

佐藤　昔はメモを取りながら聞いてましたけど、あんまり頭に入らないことに気づいて、最近は牧師の目を見て聞くようにしています。あと「う〜ん」「ですよねぇ」と唸りながら聞いちゃうので、ときどきうるさいって言われます(笑)。

大嶋　(笑)。でもそれは寝ないコツでもあるね。

桑島　わたしはわりと、メモとりますね。見返したら何を語られたかわかるくらいには。でも時々「そういうことか!」って顔上げたら、牧師と目が合って戻れなくなるってことがありますね。

朝岡　それは牧師としては嬉しいね!

吉村　僕はガツンときた言

朝岡　うんうん。

吉村　さっき勇さんが言ってたように「何かを受け取るぞ！」って身構えて〝お勉強〟という感じになると、あんまり喜びじゃなくなってくる。義務感の方が先行してしまって、なかなか続かなくなってしまうのが現実なんですね。僕の場合は、ある静まり（黙想）の本を読んだときに、**まず部屋を片付けなさい**って書いてあって（笑）。

大嶋&桑島　うん（笑）。

吉村　僕、すごく大事だなって思ったんです。というもの、朝起きて、目を開いた瞬間に最初に目につくものが大事だと。例えば、そこに漫画が置いてあると漫画のこと思い浮かべるし、LINEの通知を見たら、LINEから始まる一日になる。

桑島　確かに！

吉村　だから、まず自分の枕の周りを片付けて、聖書を置いてみたりして。それで、朝一番最初に聖書を読むってことをしてるんです。布団に入ったままだと絶対に寝ちゃうんで、とりあえず、布団から出ることと、コーヒーが好きなので、コーヒーを入れるってことだけ決めて。そのあとは最初に聖書を読むっていうのをしていて。やっ

葉だけちょこっとメモしてます。昔はしっかりメモをとっていたんですが、説教がお勉強になって、説教を聞きに来ているというのが、授業を聞いているような感覚になってしまって。それで、あるとき「これは安息しに来ているのだろうか」と思って、招詞から始まって最後の祝祷までを、礼拝全体で捉え始めてから、礼拝観が変わって眠くなくなりましたね。

大嶋　いいこと言う！

朝岡　それは、牧師も気を付けなきゃいけないことですね。讃美歌歌ってるときに、説教の導入考えちゃったり……。

大嶋　今、心が痛い……。

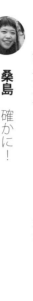

ぱり朝にいろんな活動して、いろいろ考えたあとに聖書を読むのと、考えが動き出す前に聖書を読むのは、だいぶ受け取り方が僕の中で違うんですね。

佐藤 やってみよ。

吉村 そういう意味で、朝一番に読むことが、神さまの交わりとしての「聖書を読む」ということになるかなと思います。

大嶋 ほぉ。

吉村 あともう一つの、民数記がわからないというのは……。ほんとに意味わからないですよね(笑)。そんな何言ってるのかわからないような箇所、預言書とかもパッとはわからなかったりするんですけど。そういうときは、ヘンリー・H・ハーレイの『聖書ハンドブック』(いのちのことば社)とかで、時代背景とかだけちょっと確認して、聖書を読むってことをしていますね。

朝岡 なるほど……ためになるなぁ。

大嶋 はははは(笑)。

朝岡 質問者さん、一巡したってのが偉いと思って。

朝岡 今の時代って、言葉が蔑《さげす》まれている時代、言葉が雑に扱われる時代だと思うんですよ。

大嶋 フェイクニュースですとかね。

朝岡 胡散臭い言葉だとか、平気で人を傷つける言葉だとか、ヘイト的な言葉があふれている。明らかに真実じゃない言葉もあふれている。そういう中で、言葉の危機みたいなことを感じるんですよ。そうすると、本当の言葉ってなんなんだって。でも僕たちが聖書に向かうときに、言葉に対する感覚は取り戻されていくというか。その言葉を読み続け、語り続け、聞き続けてきたら、身に付いていくというか。イエスさまは言葉が肉体をとって来てくださった、真実な言葉だ

大嶋　普通は、なかなか出エジプトできないですからね（笑）。

桑島&吉村　（笑）。

朝岡　以前、ある大学の学生さんたちの聖書研究会の合宿に呼ばれて行ったんですよ。行く前に、「うちの聖研のメンバーはけっこう、厳しい質問をするのでそのつもりで来てください」って言われたので、「そうですか……」みたいに思って行ったんだけど。前もって、指定された箇所で話すんだけど、既に、質問が寄せられているわけ。すごく捻《ひね》った質問が多いんですよ。「困ったなぁ」と思いながら行ったんだけど。2泊3日くらいの合宿で、その場でも聖研なんかしながら、出てくる質問も一緒に聞くんだけど。なんていうかね、出てくる質問を聞きながら、気になるザワザワするものがあって。これはなんなんだろうとずっと思って。夜、僕のメッセージの時間になったとき、そこに集まった20人の学生さんに聞いたんですよ。「みんなの中で、とにかく最初から最後まで、聖書を読んだことある人、どれくらいいますか?」って。そしたら一人も手が挙がらなかったの。それで、僕、「あっ、なるほど」って思ったわけ。

大嶋　うん。

とある。だから、どういう言葉を語り、聞くかってことが、僕らの真実の体を創っていくことだと思う。

大嶋　この世界には「あんたが生まれて来なかったら」とか、ヘイトスピーチとか、人を損なう、傷つける言葉がいっぱいある。けれど、聖書の言葉に触れるときに、そういう命の言葉、光の言葉、イエスさまの言葉に少しずつ、僕らの言葉が変えられるんだと思うんですよ。変えられるまで聖書を読む。

朝岡　そう。その言葉をみんな求めていると思うんですよ。

朝岡　つまり、一回でも聖書を終わりまで読めば、きっとこういうことは引っかからないだろうなっていう質問。

佐藤　なるほど。

朝岡　うまく言えないけど、一度全部読んだらそういうことは、聞かなくても問題にならないことに、みんな引っかかっちゃってる感じだったの。とにかく、一度終わりまで読んでちょうだいと。僕はいつも言ってるんだけど……そしたら、「俺はこれを読んだ」っていう、聖書に対して精神的に優位に立てる（笑）。

桑島　優位（笑）。

朝岡　「俺はこれを読んだ」って（笑）。

佐藤&吉村　（苦笑）。

大嶋　聖書に対して精神的に優位に立つっていうのが、そもそもどうなんだって（笑）。

朝岡　だって、ほら。一度も読めてないと、やっぱりどこかで負けてる感があるじゃないですか（笑）。

大嶋　イエスさまがヨハネの福音書で「わたしの言葉に留まりなさい」って。イエスさまの言葉に留まるかぎり、自分の口から出る言葉が、どんなものであってもの、変えられている希望があるんだと思います。

朝岡　2017年は宗教改革から500年の年で。プロテスタントのキリスト教といえば、「聖書のみ」。

大嶋　聖書＋「行い」でも、聖書＋「言い伝え」でもなくですね。

朝岡　聖書に神さまのみこころが全部収まってますよっていう。それに立って、わたしたちの信仰を建てていくことですね。「聖書のみ」「聖書信仰」ってどういうことかな、って考えたとき、それって要するに「聖

佐藤　読むのにも緊張感ありますよね。

大嶋　結局、朝岡先生って「勝ち」と「負け」がね、すぐ出てくる（笑）。負けたくないんでしょ（笑）。

朝岡　負けたくないというか……。通読してないと負けてる感があって、自信を持って誰かにもおすすめできないじゃないですか。引け目も感じるし。「俺、いろいろ言いながらも、一度も読んでないし」みたいな。後輩クリスチャンに、「どうしたらいいんですかね……」とか聞かれて答えても、「いや、俺実は一度も読んでない」って負けちゃうから。一度最後まで読んだら、さっきの聖書と友達じゃないけど、ぐっと聖書との距離が近づいて、聖書に対して意地悪な質問をしなくなるというか。これは、ほんとに神さまが語ってくれていると受け止めるようになる。それで「読んだら、僕に報告してください。なんかいいことあります」って言ったの。そしたらね、半年くらいしたらそこの合宿に出てた二人くらいが「先生。読みました」ってメールくれて。「読みました」って来たから、「よかったね」って返事書いて（笑）。

桑島&佐藤　（苦笑）。

書を読む」ってことなんだなと思っていて。いくら、聖書には誤りはない！って高らかに叫んでも、そのものを読んでこそわかってくるというか。ルター、カルヴァン、ツウィングリ、メランヒトン……宗教改革者ってたくさんいるけど、みんなとにかく聖書をひたすら読んだ人たちですよ。読んだだけじゃなくて、日曜日には説教をして、聖書の言葉で生きた人たちです。そのエッセンスが、ルター、カルヴァンの著作集として語り継がれている。でもそれは、聖書全体を読んで、血となり肉となりなって、現れてきたもので。やっぱり聖書を読むって大事なんだと思います。

大嶋　でも、民数記とかよくわかんないところがあっても、聖書と親しくなっていくうちに味わい方がわかってくるというか。その人の癖とか、付き合い方もわかってきて。聖書はみことばの糧とか言うけど、僕はよく「とりあえず、食っとけばいいんだ」って言うんすね。「デボーション続かないから……」って言われると、「でも食べないと飢え死にするから、わかんなくてもいいから食っとけ」。はっきり言って一週間前の夕飯のメニューなんて、誰も覚えてないんだと。

朝岡　うんうん。

大嶋　なんだったら今日の昼飯すら何食べたか忘れてる（笑）。けど、食べてる限り、生きていられる。だからとりあえずちゃんと聖書読んで、日々のご飯食べてたら民数記もわかんないけど死なない（笑）。子どものときは、ハンバーグとかスパゲッティー好きで、大人がおでんの大根が美味いって言ってるの聞いて、「ありゃうそだろ」って思ってたけど、歳取ると「やべぇうめぇ」ってなる（笑）。

桑島　確かに！

佐藤　わかります。

大嶋　宗教改革の意味って、何だったかと考えると、まず聖書は読まれるためにあるんだと、声高に叫んだ人たちがいたことだと思うんです。聖書読んだからこそ、これまで違って読んでいたことが理解できたり。今の時代の僕らだって、聖書読んでますか？ってところに帰って行くんだと思うんですよ。

朝岡　うん。そう思う。

大嶋　聖書が神の言葉じゃなかったら僕らの仕事は詐欺師ですからね。宗教改革を記念する集会で「聖書を読もう」って話をしたんです。みことばに触れていく、触って読んで、声出して、五感で聖書を味わっていく。10代のころって、どんだけ聖書読んだって聞かれても、ハバクク書の場所

大嶋　同じように「民数記やべぇうめぇ」って言うときが、ちゃんと来るから！

佐藤&吉村　（笑）。

朝岡　なるほど。

大嶋　直人さんみたいに、注解書開いたりしながら、ちょっと大人の食い方して、「やべぇ深けぇ」とか言う練習してみるとかもありだと思うし。

吉村　（笑）。

朝岡　じゃあもう、そうやって受け止めておけばいいんですかね。

大嶋　そうだと思うんです。

わからないとかじゃないですか（笑）。でも、そうなると、信仰のあり方もぐらつくじゃないですか。やっぱり聖書を何度も読む中で、不思議と信仰が身に付くもので。聖書を読んできたってことに、人生もくっついてくることだと思います。

Episode 13 死にたくて、毎日起きるのがつらいです

Q 毎日死にたくてしかたないです。起きるのがつらく、ベッドでうずくまっています。教会にもしばらく行けていません。祈っても神さまが聞いてくれているかどうかもわからなく、虚しいです。（10代）

朝岡 詳しいことはわかりませんが、いろいろとつらい日々なんでしょう。

大嶋 生きていることがしんどいってつらいですよね。でも、こうやってお便り送ってきてくれて、ありがとうございます。

朝岡 毎日生きて、命がそこでちゃんと動いて、生きてること。ベッドでうず

大嶋 僕にも本気で死にたくなった時期があって。Episode 1にもある22歳の大失恋したときなんですが……。失恋でしんどくなっているような自分の弱さからも、しんどくなって。もう自分のどこを見ても頼れる希望がなくて、「生きるのがつらいなぁ」って京都の宇治川で、八木重吉の詩集を読んだんです。そこにあった「きりすとを　おも

くまっていてもいいから、目が覚めて今日も一日、つらい一日かもしれないけど、でもその一日があるってこと、そのことのかけがえのなさというか。それはとても尊いことですよね。

大嶋　あの……アダムがね。塵から作られて、神さまから命の息を吹き込まれて、生き物となったってあるじゃないですか（創世記2章7節）。僕は目が覚めるたびに、「ああ、〝ふっ〟って今日も息を吹き込まれたから、目が覚めたんだな」って思うんです。朝起きたら、また一日始まっちゃうし、それも重いし、やだなって思いながら、吹き込んでくれた神さまの息が、今、〝ふっ〟と入ったときに、「生きよ」って言われたんだな、というふうに、神さまの「起きよ」「生きよ」を感じる。

朝岡　そうだね。

大嶋　目が覚めるということは、神さまが「今日、生きていいよ」って言ってくるから、起きられるんだと思うんです。僕らだって、普通にしてて、眠ったまま命が途切れることがあり得るわけで。そういう状態で目が覚めて体を横たえていても、生きているということは、息を吹き込まれた神さまがいて、その息が自分の体の中に行き巡って、

いたい　いっぽんの木のようにおもいたい　ながれのようにおもいたい」っていう言葉と、宇治川の流れを見ながら、「イエスさまだけを思っていけばいいじゃないか」って思えたんですね。自分の中の生きていることと、信じていることを一つにする。生きているまま信じる、信じるまま生きればいいんだって、慰められました。

朝岡　いいですね。

大嶋　その後日談なのですが。若干立ち直れたころに、牧師に「いろんなことがあったけど聖書の言葉に慰められました」って言ったんですよ。そしたら、牧師が「嘘をつくな。人はそんなに簡単に聖書の言葉で慰められたりしない。お前が慰められたのは、聖書じゃなくて、八木重吉だろ！」って。クリスチャンだから、

生きる力ってのが湧いてくるのかなと思うんですね。

朝岡　なんとか自分を奮い立たせて、今日も頑張って行かなくちゃっていう、ことじゃなくて。なんていうかな、有《あ》り体《てい》な言い方になっちゃうけど、命が与えられてそして今日生きることが許されて、そうやって一日が終わっていくっていう。

大嶋　うん。

朝岡　なんていうか、旧約聖書の中で、枯れ骨の谷で、そこに聖霊の風が吹いて、その枯れた骨にだんだん肉がついて、皮が覆って、そこに人が立ち上がっていく姿があって（エゼキエル書37章1節〜）。ある意味ぎょっとする光景なんだけど、毎日僕らもそうやって、新しい神さまの霊によって生かされていくってことかなと思うと。「つらくて、ずっとベッドにうずくまっています」っていうのは本当につらい日々だと思うけど、新しい命が吹き込まれて、無理なく自然に起き上がってみようかなって思える日が、ちゃんと来る。そんなことを思います。

大嶋　僕の好きな聖書の箇所で、38年間、ベテスダの池でじーっと横たわっている人の話があって（ヨハネの福音書5章1節〜）。38年間ってすごい人生じゃないで

「聖書の言葉で」って言わなきゃいけないと思っていたんです。

朝岡　「聖書のみ」みたいなのがあるからね（笑）。

大嶋　でも、八木重吉だろって言ったあとに、「でも人間ってのは、最後の最後は聖書の言葉でしか立ち上がれないんだ」って言ったんです。

朝岡　そう思う。アーメンだ！

大嶋　本当は、痛いし悲しいし、「なんでだよ神さま！　おい、神!!」って思ってるお前がいるんだろって言われて。そのとき泣けてきて。「人は簡単に聖書の言葉で慰められたりしない」って牧師が言うのもあれですが、人をわかってる牧師だなって。でもそれをわかっていても、聖書の言葉を取り次ぐのが牧師なんだなと。……だから僕ね、

すか。ベテスダの池ってのは、天使が水を浴びに来て、さっと水が動いた後、最初に池に入ったら病気が治るって伝説がある池で。イエスさま、その人のそばに来て「よくなりたいか」って聞くわけですよ。で、たぶん昔だったら「ふざけんな！よくなりたいに決まってんだろ。だからこの池来てんだよ！」って言い返したと思うんですよ。

朝岡 うん。

大嶋 でも彼は、よくなりたいとも言えずに、「誰も、わたしを入れてくれないんだ」って、弱さしか、弱音しか言えない。でも、「よくなりたいか」と言われて、よくなりたいとも言えない彼を、イエスさまはじっと見ながら「床を取り上げて歩け」って。イエスさまは、あの箇所では弱っている彼をじっと見たって書いてあるんです。聖書はイエスさまが、きれいな者、元気な者、頑張っている者をじっと見たとは書いてないいんですよ。

朝岡 うん。

大嶋 イエスさまが見るのは、しんどいとことか、汚いとことか、悲しいとことか、もう立ってらんないとこ。そこをじーっと見てくれて「起きなさい」「床を取り

傷ついて、しんどくて、まだかさぶたもできていない状態の自分を、わかったような顔して「癒されました」って言うクリスチャンをするのはやめたほうがいいと思っているんです。

大嶋 調子の悪いときって、どんな交わりからも離れたくなりますよね。

朝岡 そうですよね。でも「最近、祈れないから、祈れるようになるまで祈るのやめます」とか、「最近ちゃんと礼拝できないから、もっと純粋な気持ちで礼拝できるようになるまで、礼拝休みます」なんて言ってたら、どんどん帰って行けなくなっていきますからね。

大嶋 神さまの元に帰って来られなくなるんですよね。やっぱり助けてもらって、祈ってもらわないと。

朝岡 もちろん、そういうときって

上げて歩きなさい」って。そんなことを言ってくれる人は誰もいなかった。そのイエスさまの言葉を聞いて、彼は起きようと思えるような思いが、湧いてきたんだなと思うんですよ。だから今その場所で横たわっている、死にたいって思っている、そういう場所にこそ、イエスさまはいてくれる。

朝岡　一緒にね。そう思います。

朝岡&大嶋　僕らもお手紙をくださったあなたのために祈ってます。

あるとは思うんです。今日はしんどいなと思う日は、全部手放して、自分のためだけに礼拝出て。

大嶋　聖餐でイエスさまのリアリティーを受け取って、友達や牧師に話聞いてもらって、祈ってもらって。交わりの中で救いの確かさも確認してほしいと思うんです。

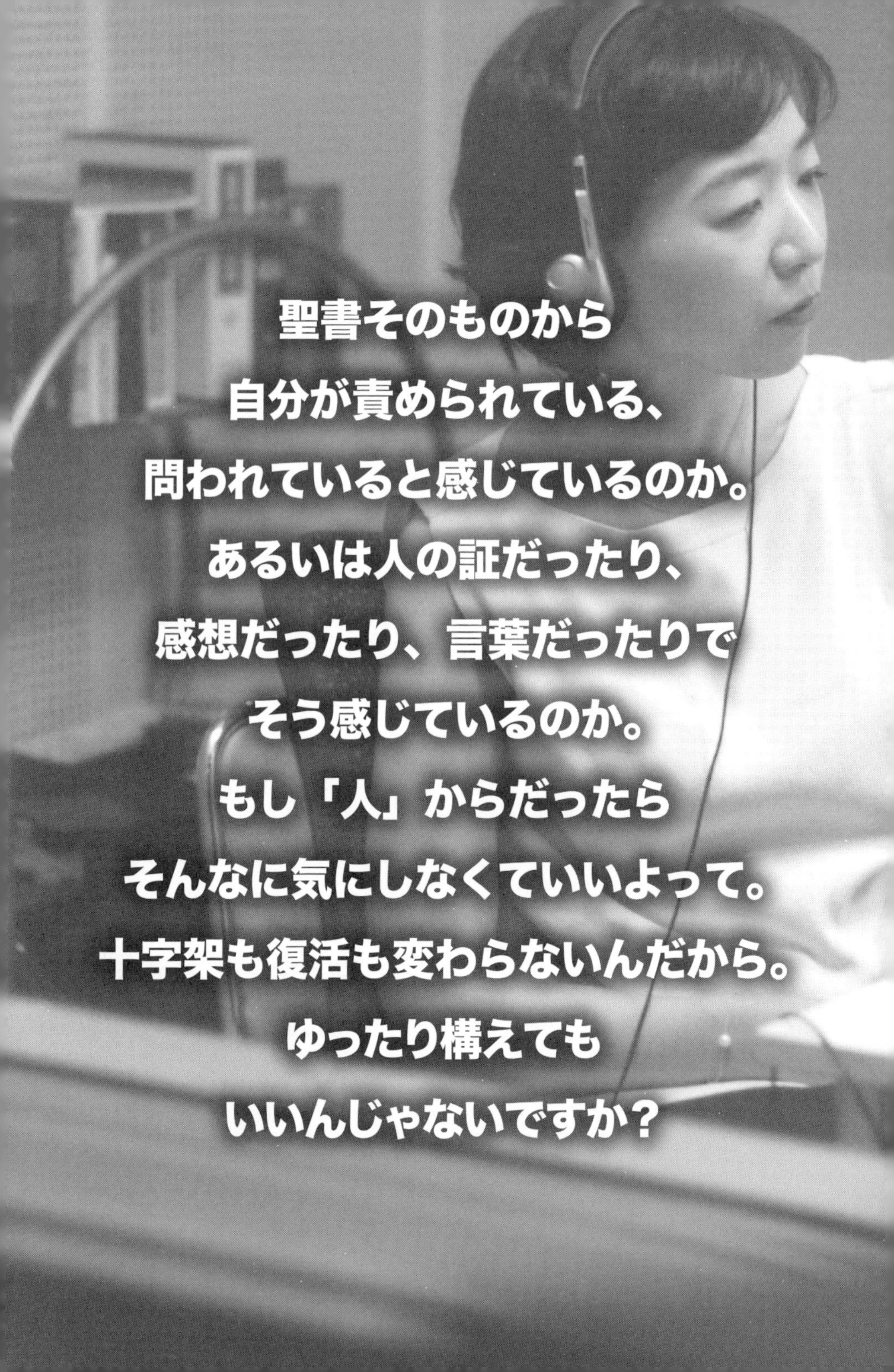
聖書そのものから
自分が責められている、
問われていると感じているのか。
あるいは人の証だったり、
感想だったり、言葉だったりで
そう感じているのか。
もし「人」からだったら
そんなに気にしなくていいよって。
十字架も復活も変わらないんだから。
ゆったり構えても
いいんじゃないですか？

Episode 14
自分のことを好きになれません

Q

自分を愛することに悩んでいます。
昔から自分のことを好きになれません。
「自分を愛するように他人を愛しなさい」と言われても、難しいです。
自分を愛することとはどういうことですか？
他人を心から愛することとはどういうことですか？（10代）

大嶋重徳×百武真由美（聖学院中学校高等学校 チャプレン／日本基督教団滝野川教会 協力牧師）

大嶋 百武先生、こういうこと考えたことありますか？

百武　考えますね。わたしもおんなじ課題にいつもぶつかるから、すごくよくわかりますよ。おつらいですよね。でも、たぶんそんなに簡単に答えは出ないし、**クリスチャンになったからといって、自分をそんなに簡単に好きになれない。**というのが30代半ばの私の実感！　大嶋さんどうですか？

大嶋　今の「30代半ばの実感」って言葉いいなと思った。質問者さんは、10代でしょ。大人たちを10代のころから見上げてると、いつか自己受容する年齢が来るのかなあって思ってるのかもしれないじゃない。そうじゃないと大人ってやれないんだろうなって。でも30代になっても40代になってもね、そんな簡単に自分のこと好きになれないよって言ってくれる人がいたらね。助かるというか。

百武　うーん。

大嶋　基本的に僕は自分にネガティブなんですよ。なので「ありのままのあなたは素晴らしい」とか、けっこう嫌いなんですよ（笑）。ありのままの僕は、全然素晴らしくない（笑）。ありのままの自分はどうしたって罪人なんですよ。それを平気で「素晴らしい」って言う人を見ると、胡散臭くしか思わない。

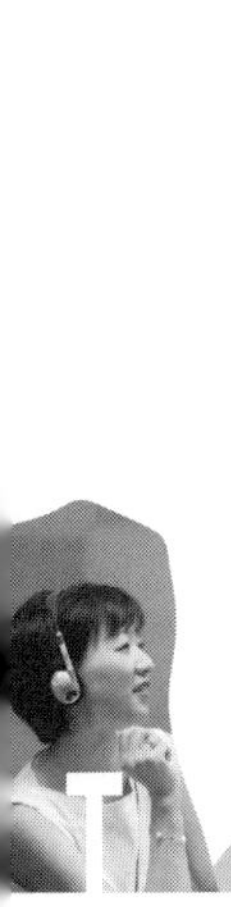

百武　うんうん。

大嶋　でもありのままの自分は罪人なんだけど、そんな自分を愛してくれた神は素晴らしいんであって。いつまで経っても「自分が素晴らしくなれた！」なんて思った日は、40歳を過ぎても一度も来ない。WTPも収録終わる度に、「今日もだめだった」「また余計なこと言っちゃったな……」とか思うし、礼拝終わって、説教終わると「バカ、バカ、俺、バカ」とか言ってうまく説教できなかった自分を責めて終わる。また自分の存在もそうだけど、自分のやってきたことを好きになれたかというと、そんなことも簡単には全然なれない。誰かに褒められても「ほんとかな?」って。先に意識が動いちゃう。だから「自分を愛するように、隣人を愛しなさい」という聖書の言葉を、「自分を愛せないから、隣人を愛せないんだ」ってそんな短絡的に考える必要もなくていいんです。

百武　むしろ、**聖書自体がそんな短絡的に、安直なことを求めてるわけじゃない**と思うんです。わたし自身も経験があるんですけど、教会の中にいると「クリスチャンになって自分を好きになれた」という証を聞くときに、ものすごく煽《あお》られるんですよ。それで焦るんです。

大嶋　うんうん。

百武　わたしは焦った。「あっ、もう、自分のことをこんなに好きになれているクリスチャンがいる」って。あるいは、歳を重ねていくと今度は、恋愛、結婚、家庭の問題にぶち当たっていくと思うんですけど。「結婚して初めて神さまの愛がよくわかった」っていう人たちの証を聞いたときに、その証に煽られて、そうなれない自分を受け入れられなくなっていくんです。もちろん、それはそれでいい証なんですよ。だけど聖書そのものがあなたに向かって言っている言葉がそれなのかということと、ちょっと違うというか。

大嶋　なるほど。

百武　そういう意味では、わたしは教会の交わりにすごく救われたし、励まされたけど、苦しかった面もいっぱいある。だから彼女が、聖書そのものから自分が責められている、問われていると感じているのか、あるいは人の証だったり感想だったり言葉で、そう感じているのか、どっちから感じているのかとっても興味がある。もし人からだったらそんなに気にしなくていいよって、思ったりする。

大嶋　質問に「自分のことを好きになれません」ってあるけれど、「あの人みたいに自分を好きになれてない」という前提が無いかどうかというのは、面白い。いつも僕らは「誰かより」とか、「誰かの言葉」に刺激されちゃってることがあるもんね。クリスチャンの交わりに助けられるんだけど、交わりに責められるってそういうことでしょ。

百武　うん。わたしは、ふっきれるまで10年くらい時間がかかりましたよ。ようやくですよ。結婚とか家庭の問題で、わたしが人と自分を切り離して考えられるようになったのは、30過ぎてから。それまでは苦しかったですよね。それまで喜べなかった時期は、どんどん先に進んでいくように見える他のクリスチャンと自分を比較して、聖書そのものの言葉とか神さまがわたしに語っている言葉が、うまく入ってこなかったのかなと思いますよね。

大嶋　先に進んでいるように見えるっていうのは?

百武　立派なクリスチャンに見えるんです。「自分を好きになれた」って証しているクリスチャンが周りにいたりすると、「この子はこんなに信仰的にステップアップ

大嶋　どういうきっかけで「ふっきれた」んですか?
百武　わたし、大学時代まで20代半ばまでには結婚するって根拠なく信じてたんです。でもそれに至るに必要な出会いや交わりは一向になくて。20代後半に差しかかって自分が結婚と程遠い環境にいることに気付いたとき、初めて周囲のことが気になりだしたんですよ。そこで、すでに結婚した人や間もなく結婚しようとする人が口を合わせて「結婚は神さまの恵み!」って証しているのを耳にして、そうでない自分に猛烈な焦りを感じてしまって。「結婚できない自分は、クリスチャンとしてどこかしら欠陥があるのではないか」と……。
大嶋　なるほど……。
百武　ふっきれたのは、30歳で牧師になって、学校に赴任して文字通りがむしゃらに働いていたころなんです。SNSを通して結婚し家庭を持った友人たちの様しているのに、自分は……」っていう。そういう言葉って、なかなか教会の中で言えなかった。わたしは。恥ずかしくって。

大嶋　自分を愛するってそんなに簡単なことじゃない。

百武　わたしこの間、教会の聖書研究会で泣いちゃったんですよ。突っ込まれてわからなくて。どうしてわからなかったというと、その聖句を自分の信仰の問題として納得できてなかったからなんです。ローマ書の5章で。[*]「忍耐は練達を、練達は希望を」みたいな。あそこが解説できなくて。「先生そこ、答えられてないじゃないか」って信徒の人に突っ込まれて。「だってわたし実感できてないからです！」って信徒の前で思わず泣いたんです。自分としては、「牧師として終わったー。」と思ってたのに、終わったあと、信徒の人が来て、「先生、あのときが一番よかったです。僕も実はそう思ってたんで。すごく納得しました！」とか言ってくれて、「なんだよ（笑）」って思ったんですけど。

大嶋　牧師だってそんなに簡単に変わらないんだっていう姿がすごい励まされることもあるよね。それでいいんだなっていうふうに。自分も、練られた品性が伴わな

子を窺い見たとき、特に子どもを得た人たちが、その喜びをつづりつつも、どこか疲弊しているようにも見えて。そのとき、「わたしはここに牧師として立てられ、主に仕える喜びを知るために、結婚しない道を与えられたんだ」と思えて、これでよかったのだと妙に納得しちゃったんです。人それぞれに神さまが用意してくださった召しがあって、それにわたしは忠実にお応えすればよいのであって、他のクリスチャンと比べる必要なんてなかった。というわけで今は、独身の恵みを思う存分満喫させていただいてます！（笑）。

***ローマの信徒への手紙5章3〜4節**
「わたしたちは知っているのです、苦難は忍耐を、忍耐は練達を、練達は希望を生むということを」（新共同訳）

くても……。

百武　たとえわたしたちがそんなに素早く、たどり着いていかなくても。**十字架も復活も変わらないんだから。**それくらいゆったり構えてもいいんじゃないですか？

朝岡勝×大嶋重徳

大嶋　朝岡先生はありのままの自分とか好きですか？

朝岡　難しいですよね。ありのままの自分って。

大嶋　難しい。

朝岡　自分が思ってる自分が、ありのままの自分とは限らないし。人が言う「あなたってこういう人よね」ってこともなかなか素直に聞けないし。鏡に映ってる自分も、自分のフィルターを通して見るし。ありのままって何かなって思うと、結局、神さまが見てくれている姿がありのままだというところに、信じて立たないと見つからないのか

朝岡　「自分を愛することってそんなに簡単なことじゃない」。聖書の人間観ってそうですよね。無条件に人間万歳とは言わない。でもかと言って、「人間なんで、どうにもならん！」ってままでもない。

大嶋　聖書に出てくる人たちもそうですよね。

朝岡　みんな、完璧な人じゃないんですよ。

大嶋　そうですよねぇ。信仰の父アブラハムだって、やらかしてますからねぇ。

朝岡　やらかすんですよ。しかも同じようなことやらかすんです。学習しろよっ

なという気がします。

大嶋　先生が言われたとおり、それを信じるのには信仰がいるんですよね。「神さまがこんな自分を愛している」ということを、信じられない自分の信仰に幻滅してるし。

朝岡　うんうん。

大嶋　けっこう僕らはネガティブですからね。ポジティブには自分のことを全然思っていなくて。「今日もダメだった」っていつも思うし。でも今日も「よくやった、良い忠実なしもべだ」って褒めてくれる神さまがいるってことを、信じるかどうかなんですよね。だって聖書の言葉は、既にそう言ってくれてるんだから。自分が自分をどう見てるか。自分が自分の判断にしがみつくか。もしくは「神さまがそうおっしゃってる言葉を、信頼していいんですよね」と信じるかどうか。

朝岡　そうだね。

大嶋　僕らが、神さまに言える言葉は二つだと思うんです。一つは「まじっすか!?」。自分ってこんなんですよ。いいんですか!? 本当ですか！ それで「まじっすか!?」。

て思うんですけど（笑）。

大嶋　そこやっちゃいけないだろってこと、いっぱいやってくれますからね（笑）。

朝岡　兄弟も仲悪いし、夫婦も仲悪いでしょ。子育ても失敗するし。エデンの園の話の後で、いきなりお兄ちゃんが弟、殺しちゃいますからね。エグイ話ですよ。

大嶋　そうです。聖書はイイ人の話で、みんなイイ人なりましょうじゃなくてね。

朝岡　旧約聖書読んでいくと、なんていうか人間だな、俺と一緒だな。失敗して、同じようなことで躓いて。だけど、神さまはこういう人たちと一緒に生きて、この人たちでやってきたんだなって。そういうところはすごく励まされます。

大嶋　このメンバーとやるって、神さまが腹くくってるんですよね。エリートばっかり呼んできたチームじゃな

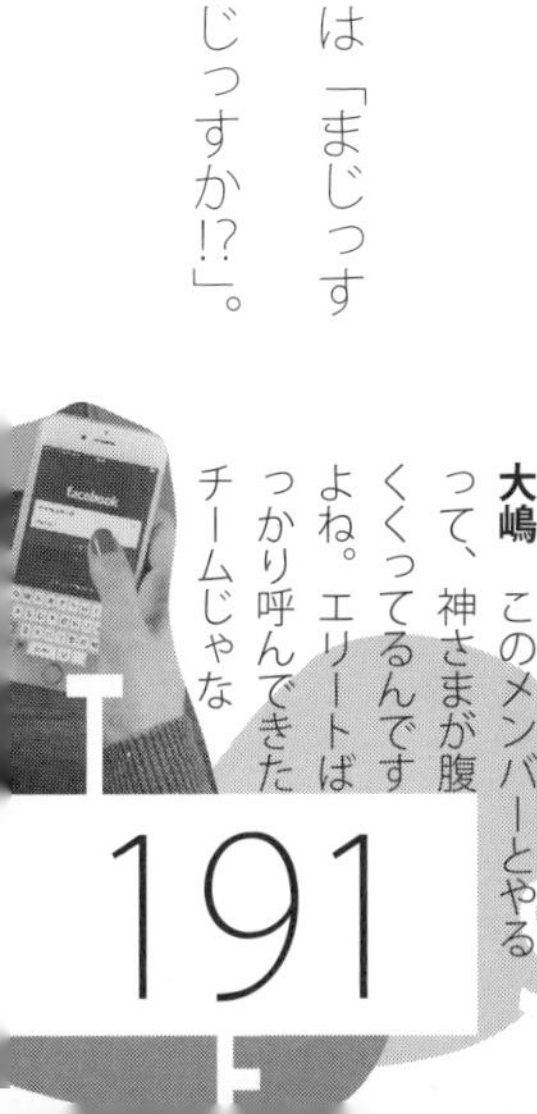

朝岡　おお（笑）。

大嶋　二言目は何か。それは、「あざっーす!!」。神さまに愛されてる自分を、ありがとうございますって言って受け取っていく。「あざーっす!!」、この告白も、信仰の言葉なんです。

朝岡　そうですね。なんかこう、褒められると嬉しいなって思う人と、褒められると逆につらくなるっていうか。「いや、自分そんなんじゃないんです」って思う人もいると思うんです。僕は、褒められることっていけないことなんじゃないかと思っていたことがあったんですね。自分がすごく自分を偽っていいとこ見せようしてるから、誰かが偽った自分を見て言ってるんじゃないかと思うと、褒められると、自分は偽善者だっていうふうに思っちゃう。だから、褒められると「いやいやいや……」って。

大嶋　ほんと朝岡先生って、そういうところありますよね（笑）。「先生！ 今日よかったですよ！」っていうと「いやいやいや！ また調子乗ってると思われるだけだから……」とか言って。

朝岡　めんどくさいですよね（笑）。素直にそれを受け取ることがいけないことってね。

朝岡　朝岡先生だってね、イイ人じゃなくてブラックですから……。

大嶋　こんな悪い人いませんからね……。

朝岡&大嶋　ははは（笑）。

朝岡　キリスト者になったということは、そこに自覚が与えられるということで、それは愛とか喜びとか感謝とか、そういう方向に僕らを振り向かせてくれる。

大嶋　そう。救われて生きるって、もちろんしんどいこともたくさんあるし、困難や試練もある。だけれども、聖書の言葉を読むとき、自分で自分を裁いたりとか、自分で自分を規定づけたりとか。そういったところから、解き放ってくれるんじゃないですかね。

とのように思ってたんですよね。でも10年くらい前に、自分が関わった大きめの働きがあったんですよ、それが形になって。その感謝会があって。そのときにある大先輩が僕のところに来て、「朝岡先生、おまえ本当によくやったなぁ」って言ってくれたんですよ。そしたら、なんか嬉しくなったんですよね。褒められるって嬉しいんだって思って。

大嶋 うんうん。

朝岡 しかも褒めそうにないんですよ、その先生。普段はおっかないし。

大嶋 (笑)。

朝岡 僕は、そういう素直に嬉しいって心をどこかで押し込めてた。それは、僕がおごり高ぶりやすい人間だということの跳ね返りなんですけど。神さまの前でも、存在が肯定されるというか。もちろん謝らなきゃいけないこといっぱいあるんだけど、でも、「イエス・キリストによってあなたはもう、わたしの子ども、神の子どもだよ」と言ってくれたなら、その肯定感は、他の誰が言ってくれなくても、一人でもそうやって存在を肯定してくれたら、人って生きられるんじゃないかな。

大嶋 伝道者人生始まって、説教して、「先生、説教よかったです」って言われ

朝岡 僕らって、褒めたり、褒められたり、よかったことを見るよりも反省する方が好きじゃないですか。よく反省会するし(笑)。

大嶋 確かに！反省会好きですよね！(笑)。反省するとなんか悔い改めたような気がするし(笑)。

朝岡 何かが終わって、よかった話すりゃいいのに、すぐ反省会するじゃん。そうじゃなくて、感謝したり、喜んだり、ねぎらい合ったり。そういう方がきっと大事ですよね。

たら、この返しの返事は何が正解かよくわかんない、と思ってたんです。「いやいやいや……」とか「そんなそんな……」って言っておいた方が、謙遜の体《てい》になるのかなとか（笑）。

朝岡 難しいよね。「そうでしょ！」って言ってもね（笑）。

大嶋 「ですよね～」「俺の説教いい説教でしたよね～」っとか言ってもね（笑）。何が正解なんだろうと思ってて。あるとき浦和の某S先生に、「今日、先生の説教、教えられました！」って言ったんですよ。そしたら坂野せん……あっ。

朝岡 坂野*先生ね（笑）

大嶋 そう！（笑）。坂野先生が「ありがとうございます」っておっしゃったんです。そのとき「あぁ。ありがとうございます。でいいんだ」って思ったんです。その「ありがとうございます」には、そういうふうに聞いてくださる聴衆でいてくれてありがとうございます、という意味があったり。説教がよかったってことを説教者として「ありがとう」と、そのまま受け取る感謝があったり。「いやいや、そんなことでないです……！」と言うよりも、言ったこちらも心地よく「伝えられて、よかった」という思い

坂野* 慧吉（さかの けいきち）
日本福音自由教会協議会・浦和福音自由教会主任牧師。元キリスト者学生会（KGK）主事。
朝岡 坂野先生って、言葉に裏表がないという、言った言葉にちゃんと返してくれるというか。
大嶋 そうそう。本当に、恵みに生きてて、余裕がありますよね。そういう人になりたいですね。

になったんですよね。

朝岡　なるほど。

大嶋　そういう「ありがとうございます」は、「俺の説教よかっただろう」という高慢な感じじゃなくって、一緒に礼拝を捧げられて、一緒に神の言葉を聞いて、「ありがとうございます」と一緒に受け取っていく。「これは正解だ」と思って。

朝岡　そうですね。

大嶋　そう言っていきたいな、と思ってますね。僕らの中には、褒められ慣れていないってことってあると思うんですけど。**もっと褒められやすくいていいんじゃないかって。**

朝岡　神さまにあっての、ありのままっていうところを、自分も喜んでね。

大嶋　そうそう。「褒めると高慢になる」って言う人がいますけど、それって、褒めてるのじゃなくて、「おだててる」ということ。実態の無いのにおだてていたら、高慢になるかもしれないけど、そこに褒められるべき実態があって、褒めることは感謝を伝えることとも一つのことなんです。僕らにとって「やってあたりまえ」のことなん

大嶋　朝岡先生、実際のところ自分、好きですか？

朝岡　簡単に「自分のこと好きです」みたいなことは、言えたもんじゃないですよね。でも好きか嫌いかって聞いたら……好きじゃないですか？（笑）。嫌いから好きへの、切り替えはやっぱり、聖書の中に出てくる人たちにも起こるじゃないですか。で、その聖書の福音を信じた僕らにも、あるじゃないですか。そのことを踏まえて、今どうかと言われれば、そりゃ……。

大嶋　自分を徹底して愛してくださった、神の愛に出会ったとき、愛されている自己を発見するわけですよね。

朝岡　そうなんです。切り替えが起きる瞬間があるんです。

大嶋　うん。そこの切り替えは、大事だなって気はしますよね。

かは無い。神さまも僕たちのやったことを一つひとつ数えて、「よくやった。良い忠実なしもべだ」と褒めてくださる神さまなんだから。僕らクリスチャンも、教会も互いにねぎらい合うっていうのは、大切なことなんじゃないかと思いますよね。

朝岡 ほんとにいつもありがとうございます。

大嶋 はい。……今ちょっとほしかった（笑）。

朝岡 おじさんが褒め合ってて、気持ち悪いね、これ（笑）。

大嶋 いやいや。けっこういいもんですって。

Episode 15
天国にメガネ屋はあるのか？

Q

クリスチャンホームで育ったクリスチャンですが、生まれて初めてヨハネの黙示録を読み始めて、そろそろ読破しそうです。ですが、意味がよくわかりません。一章につき数回読むようにしていますが、それでも意味がわかりません。解説をお願いします。（20代）

大嶋　これは朝岡先生に答えてもらわなきゃいけないですね。黙示録と言えば朝岡勝！

朝岡　そうですか……いやぁ（苦笑）。解説お願いします。

大嶋　ははは（笑）。黙示録を読むってね。

朝岡　偉いですよね。

大嶋　偉い。黙示録を読むって、クリスチャンにとってどんな意味があるんですか。

朝岡　いや、そこを聞きたいですね……どうですか？（笑）。

大嶋　（笑）。黙示録って終わりのことじゃないですか。終わりのことって重要だと思うんですよ。つまりあそこには完成のことが……。

朝岡　おっ、出た。ザ・終末論・大嶋重徳。

大嶋　（笑）。聖書の始まりって創世記でしょ。最初も大事。「初めに神が」と。つまり僕らの信じてることの最初は何なのかってことは、創世記にあって。黙示録には終わりのこと、完成のことが書いてあるわけですよ。そしたら、その完成に向かって僕らは日常を生きているわけですよね。それなら、黙示録に描かれている光景っていうのは、僕ら普段の日常の連続線上にある完成されたものが、そこにあるはずなんですよ。もちろん全部が連続してるわけじゃなくて、非連続もあって。例えば、僕らの普段犯す罪とか悪とか。あるいはイエスさまが「涙をすっかりぬぐい取ってくださる」（ヨハネの黙示録21章4節）って書いてあるから、痛みとか怒りとか取り去られているものもある。

朝岡　なるほど。

大嶋　でも全てが非連続だったら、僕らが生きている日常も何の意味も無くなるじゃないですか。そう思うと黙示録に描かれている光景から、僕らの今の日常を問い直していくと、どっちに向かって行かなきゃいけないか、わかっていくんですよね。そしたらこれは終末つまり、最後イエスさまのいる場所ではいらないものなのかどうかがわかってくる。これはイエスさまの前に行くまで、大事に積み上げていかなきゃいけないものなんだなとかも。最後の火で燃えて焼き尽くされて無くなっちゃうものと、残っていくものと。その違いが終わりのところには書いてある。

朝岡　うん。

大嶋　そういった視点で黙示録を読んでいくとなんか、すごく象徴的に書いてあるところがたくさんあるんですけれども。そこは小羊の婚宴だとか。僕らはキリストの花嫁になるだとか。じゃあ、イエスさまと僕らが花婿と花嫁の関係だったら、この地上でも僕らはイエスさまと、やがて婚宴に向かっていく恋人のように生きていこうとか。そんなふうに黙示録を読んでいくと、なんかリアルにグッと迫ってくるんじゃないかなって思うんですよ。

朝岡　なるほどね。黙示録って難しいし、誤解されるじゃないですか。とにかく怖いし、おどろおどろしいし。なんかよくわかんない、極彩色の世界が描かれていてそれだけでクラクラしちゃうんですけど。当時黙示録って、黙示*という形で書かれたんだと。つまり読んでよくわかんないようにわざわざ書かれてて。だけど、それははっきり言うと当時は、大変だったんですよね。ローマ帝国の迫害の時代なので。はっきり言ったらヤバイので、ちょっとなぞなぞっぽく。だけど、読んでる方はこれでわかる。

大嶋　この龍は、〇〇でとか。

朝岡　そうそう。暗号みたいなね。そういう意味で、読んで意味わかんないってのはね、わかります。わざわざそういうふうに書いてあるんだから。だけど今みたいなことで考えるとちょっとずつ意味がわかってくる。前、教会で黙示録の説教をずっとしたんですけど。「今度から礼拝でヨハネの黙示録やろうと思います」って予告したらね、

黙示*
ギリシャ語では「啓示」「開示」を指し、「隠されている秘密を明らかにする」という意味。黙示録の場合は未来に起こるべきことを指しているため、「黙示」という語があてられ、神がみこころを示される「啓示」と区別される。旧約聖書の「ダニエル書」も同じ黙示文学とされる。

一人の人が僕のところに来て、「先生お願いだから怖い話しないでください！」って言われて。それがずっと説教をしていくときの大事な心がけになったんですよ。黙示録は怖い話じゃない、ってことをちゃんと伝えようって。

大嶋 なるほどねぇ。

朝岡 僕、子どものときに、クリスチャンの家に生まれたんで、時々、黙示録っぽい話も聞くわけですよ。「世界の終わりはこうなりますよ」みたいな。それがものすごい怖かったわけ。

大嶋 ノストラダムス大予言とかも流行ってね。

朝岡 教会でそのころ見せられた絵の中に、崖の下で火が燃えてる絵なわけ。

大嶋 もうすでに怖い（笑）。

朝岡 崖の上から火の中に黒くちっちゃく書かれた人が、パラパラ落ちてる絵で。

大嶋 怖い怖い（笑）。

朝岡 しかもイエスさまが来るらしいと。天使の軍勢が現れてラッパの音とか、賛美が聞こえて、そしたらイエスさま来るらしいよって。これは絶対にヤバイと。で、小学生のころのある夜ね、部屋で寝てたんですよ。ちょっと寝つけなかったのね。寝なきゃ寝なきゃって思うほど、寝れなくて。そしたら、どっからか歌声が聞こえてきたんですよ。

大嶋　怖い怖い。あのラッパか……と？（笑）。

朝岡　そう。それでヤバイと思って。気のせい気のせい！って思っても、聞こえてくるわけ。それで、「あぁ、来ちゃった。イエスさま来ちゃったよ、どうしよう」と思って。でも、何も起こらないわけ。「えっ、もしかして、俺、居残り組……？」

大嶋　上げられる人と残る人がいるって、聖書に書いてあるからね（笑）。

朝岡　で、「ヤバイ残っちゃったよどうしよう」って、ほんとに怖くなって。みんなどうしてるか見てこようと思って、そーっと部屋から出て行ったんですよ。そしたら、歌声が大きくなってくるわけ。そーっと音の鳴る方に近づいて行ったら、……姉の部屋から松山千春*の「長い夜」が流れてた。

大嶋　はははは（爆笑）。それは想像してないオチでした（笑）

***松山千春**
日本のフォークシンガー。「長い夜」は1981年にリリースされた10枚目のシングル。松山のヒット曲の一つ。

朝岡　セェーフみたいな。

大嶋　僕は、お姉さんがすげえデカい声で讃美歌を歌ってたとかだと思ったら（笑）。松山千春……。

朝岡　だから再臨の話を聞くと、僕の中では松山千春の歌声が鳴り響くっていう（笑）。だから……そうじゃないって話だよね（笑）。

大嶋　今思い出したんですけど。神戸の震災*のとき、僕は京都にいたんですよ。すごい地震だったから、ほんとに「これかな」と思ったわけですよ。子どものころからこの話を聞いてるので。それで窓開けて、イエスさまが雲に乗って来られるから、雲を見て。今か！と思って見てたけど、どこにも見えない。そういえば、そうなったら残された可能性があると。同じ寮に熊谷っていう例の友達がいて。「あいつも残ってたら、これは無かったことになるか……いや、あいつも残るタイプだ！」とか（笑）。もう一つは、結婚して、妻の実家に泊めてもらったときに、明け方まさに声が聞こえてきたんですよ。

朝岡　聞こえてきた!? やっぱり！

***阪神・淡路大震災**
1995年1月17日に発生した兵庫県南部を震源とした大規模地震。5万人を超す死傷者が出た。

大嶋　そう。ざわざわざわ……って。そしたらね、義理のお父さんのお祈りする声だった（笑）。

朝岡　やっぱり、どこかで意識してますよね。いつか来るから。

大嶋　いつか来るってのを、いつなのか聖書は明らかにしてないから。変な人が出て来て、この日だとか言っちゃって怪しげなことになることも多いし。

朝岡　「俺、キリスト」みたいな。

大嶋　時々ヤバイのがいますよね。だから、そういう意味では、いつ来られるのかわかんないけど、すぐに来られるとも言うし。盗人のように来られるともおっしゃるから。昔、「主に会う準備はいいですか～♪」みたいな曲あったじゃないですか。あれ、ちょー怖くて。「主に会う準備、俺できてないもん」って。あの歌は怖かった……。

朝岡　黙示録の読み方を、「世界は終わりで、世界は破滅だ」みたいな読み方じゃなくて。新天新地が完成する日。

大嶋　完成の希望の日、楽しみな結婚式の日なんだ。一方で試練、苦しいことはやがて終わりを迎える。僕らがこの地上を忍耐することができるし。そういった日なんだってことは大事なことですよね。

朝岡 いやぁ勉強になりました。

大嶋 もうちょっと話引っ張っていいですか？ 僕ね、「天国にメガネ屋はあるのか？」っていう、勝手に作った神学的テーゼがあるんですが（笑）。復活の体がどんな体なのかってことで。

朝岡 それは一大テーマですね。

大嶋 よく質問されるじゃないですか。「僕らは、やがて肉体も復活する」って言ったら、「先生、それは何歳くらいの体でしょうか……？」って。

朝岡 「こちらの希望は聞いてもらえるんでしょうか」とかね。

大嶋 できれば20代のときでお願いします。

朝岡 ピチピチのときで、フサフサのときでお願いします。そうしたら、夫婦がお互いわかんないから困りますとかね。みんな勝手なこと、言いますからね（笑）。

大嶋 そうそう（笑）。あのピチピチがいいとか、フサフサがいいとかってのは、僕らの罪に汚れた願望があるじゃないですか。

朝岡　なるほどね（笑）。

大嶋　神さまの栄光の姿ってどういうものなのかって考えたときに、イエスさまの復活の体には、十字架の傷跡があったでしょう。だから復活の体の中にも傷跡はあるんですよ。なぜこんなこと考え始めたかというと、僕は母親のおなかの中にいるときに、母が妊娠していることがわからずに、インフルエンザの予防接種を受けてしまって。それを相談した産婦人科のお医者さんが、母に「堕ろしますか？」って言ったんです。けれど母はクリスチャンで「この子は神さまからいただいた命なので、育てる」って決めてくれたから、僕はここにいるんですね。僕は「障がい」という言葉が嫌いなんですけど、「障がいを持って生まれる」っていうことが、僕らの中にはあるし。そのことを僕らは「障がいだ」って考えてしまう。こういうものの見方ってのは、やっぱり人間が罪の中にあるからなんですよ。

朝岡　うんうん。

大嶋　そのものの見方が、障がいを持っている人や家族を生きづらくさせている。でもそれらがすべて取り去られたときに、最後の日、病は無くなると聖書は書いてありますね。

朝岡　よく、信じずに亡くなっちゃった、おじいちゃんは天国行けるんでしょうか……みたいな質問をいただくことがあるんですけれども。

大嶋　ありますね。福音を聞かずに、事故などで亡くなってしまった方はどうなりますかとかですよね。僕は正直にいつも、「わからない」と答えてます。でも大事なことは、今のあなたがどう生きるのかということで。ペテロが「あの人はどうなんですか」ってイエスさまに聞いて、「あの人じゃない。お前がどうするかだ」って（イエスさまこんな言い方じゃなかっただろうけど）言われたとおり、福音を聞かなかった人のことを考えるんじゃなくて、一緒に救われたいと、その気持ちにまっすぐ向き合っていくことだと思いますね。

いる。でも障がいとか、例えば目が悪いとか、視力が弱いとかこれは病気じゃないでしょ。それも神さまの与えたその人の一つのユニークネスであって。イエスさまの体に傷跡があったように、メガネをかけてるってことがあり得るんじゃないか。だから僕は天国にはメガネ屋があると思うんです。しかもとりわけカッコいい、おしゃれなメガネ屋があって。むしろ地上で僕らが取るべき態度は、いろんな障がいを持っている、ハンディキャップを持っている人たちが生きやすい、一緒に生きていけるようなそういう社会を作っていくこと、そういう教会になっていくこと。そのことがクリスチャンとして終末の完成の中から、この世界を見ていく姿なんじゃないかと思っているんです。

朝岡　なるほど。よみがえりの体は栄光の体で。今の自分たちとも連続性があってというのは、その人らしさというものがどういう形かで、表される。あとうちの教会の人たちに言うんだけど。「お互い、会ってもわかんないじゃないか」みたいなこと言う人いるわけ。だけど、これ僕の勝手なイメージですけど、教会って神の家族で、やがては教会が神の完成の中でちゃんと、完全な形になっていくかと思うと。甲子園の入場じゃないけど、うちの教会だったら、「徳丸町キリスト教会」ってプラカード立ててね。

朝岡　聖書って時々、相矛盾するようなことも言っていますよね。一方ではイエスさまを信じて救われるんだと。でも一方では、救いは人の行いによるのではなく神さまの恵みなんだと。神さまが救おうとしたんだったら、救われていると。

大嶋　信仰告白の確かさと、神の選びですね。

朝岡　僕らには、その人が人生のどこで福音に触れてるかもしれないし、その人の心の中で、神さまとの間にどんなやりとりがあったなんて、全然わからない。神さまにお任せする世界なんだと思う。だから、あの人どうなんだろう、この人どうなんだろう……じゃあ、わたしはどうなんだろう、というところに帰ってほしいと思います。

大嶋　へえ！　そうですか！

朝岡　「はい、うちの教会の人ここ集合〜！」って言ったら、みんなわーっとき
て、「なんか久しぶりだねぇ」みたいな（笑）。そういうふうだといいなって。

大嶋　それも面白い。

朝岡　先に召された人もあとから来た人も。

大嶋　「おい、お前のこと祈ってたぞ」と。

朝岡　そうそう！　それでなんかお互い「老けたね」とかいろいろ言いながらも、
そこで、喜び合うみたいなイメージ。あとはね、映画のスタッフロール（笑）。天国行っ
たら、神さまがスタッフロールみたいなの見せてくれて。「神の国の完成のために働い
た人たち」とか。メインの人たちはいろいろいるんですよ。主役大嶋みたいな。

大嶋　またそういうイジリを（笑）。

朝岡　スタッフロールってよく見ててもわからないところあるじゃないです
か。その業界の人じゃないと。肩書見ても、これ何する人だろとか、中にはお昼ご飯の
ケータリング頼んだ人とか。全員出ますから。そこに自分とか知ってる人出てたら、嬉

しいじゃないですか。そんな感じで、神さまちゃんと天国に行ったときに、あなたはここで働いたね、ってどんな人でもちゃんとあるというか。それを思ったら、嬉しくなるというか。

大嶋 それも徳丸町のみんなで見てるんですよね。

朝岡 そうそう。そういうわけで、黙示録を読んで怖いとかいうのはもったいないと思う。楽しみがいっぱいある。とにかく会いたい人いるじゃないですか。イエスさまは会いたいけど、パウロとかも、小柄でガニ股って聞いたけど、ほんとか？　とか。

大嶋 ほんとに、話聞いたら眠たくなんのか？　とか（笑）。

朝岡 聖書の人物もそうだし。歴史上の……。

大嶋 カルヴァン先生とか。

朝岡 カルヴァン先生もそうですけど、あと教会の仲間とか、家族とか、一度も会ったことないけど、「あなたのこと聞いてました」みたいな。

大嶋 それはワクワクですよね。

朝岡 だから、楽しみなことといっぱいあるよね。

大嶋　どこかで終末は、みんな顔がのっぺらぼうで、みんな手を挙げて賛美してるみたいなイメージがあったんですよ。でも、そんなずっと長い時間賛美してるのはつらいなとか（笑）。最近年取ってきたから（笑）。むしろ、いろんな人に会って、楽しくて。あそこのあれ見てたよとか。自分の忘れてるようなことだって覚えてくれて、感謝してくれてみたいな。終末ってのは最後の打ち上げでしょ要は（笑）。最後イエスさまが「お疲れぇでしたぁ!!」って締めてくれて。そうなったときのご飯は美味しいだろうなぁとかね。

朝岡　祝宴ですからね。そこでもパンとぶどう酒だったらどうしよう（笑）。

大嶋　いや、それもすっごい美味しいパンとぶどう酒ですよ。あとまたイエスさまが足洗ってくれるんですかねぇ。違うか……（笑）。

朝岡　いや、僕らが洗わせてもらうんじゃないかなぁ。けっこう忙しいんじゃないかな。

大嶋　僕ら、今、聖書に書いてないこと好きにしゃべってますからね（笑）。

朝岡　（笑）。

大嶋　僕は天国行ったら何してるんだろうなって。つまり、あそこでやっていることが、今の自分のCalling、「召し」と繫がってるんじゃないかと思ってるんです。それについて夫婦で話し合ったことがあるんですよ。妻の裕香に「俺何してると思う？」って聞いたら、「しげちゃんは、温泉入ってんじゃない」って（笑）。「いや、ずっと入ってるわけにはいかないでしょ」って。そのとき裕香が「あっ、わかった。あなたはね、天国行ったら、子どもたちに絵本を書いてると思う」って言ったんですよ。それに驚いて……。

朝岡　うん。

大嶋　でもストンと来たというか。なぜなら僕は小学校のときいじめられっ子だったんですよ。帰り道、いつも一人で、空想しながら家に帰ってて。その空想しながら、一人で帰ってた自分が今、説教者、伝道者、牧師となって、聖書の言葉をイメージ豊かに物語っていけるというのは、あの小学校のつらい帰り道と繫がってるんです。

朝岡　……。

大嶋　もしやがて天国で絵本を書いているんだとしたら、きっと今、いろんな

朝岡　大嶋さんお風呂好きですよね。

大嶋　一番リラックスできますね。本2、3冊持って入って、バスタオル、シャワーのところにかけて、汗を拭きながら2時間くらい長風呂ですね。お風呂上がったら1キロくらい減ってるときもありますよ。

朝岡　大理石でジャグジーの……。

大嶋　そんな風呂入ったことないです（笑）。お風呂用の聖書とかもありますよ、膨らんでもいい用の。説教準備のときは聖書注解も持って入ったりしますね。

朝岡　カランとシャワー間違えて大変なことになったりしません？（笑）。

大嶋　まあそれは。

朝岡　お風呂やってみようかな。

大嶋　いいですよおすすめです。

朝岡　うちお風呂

ことを考えたりしていることも、終わりの日に繋がっている。で、裕香に「なんでそんなふうに思ったの？」って聞いたら、「あなたが今、自然にやってることってのは、〝考える〟ことだよね」って言ってくれたんです。それはすごい嬉しかったんです。「ほっといたら、考えごとしてる。それはあなたが、神さまから与えられてることなんじゃない」って。「あっそうか。そっちに向かっているんだったら、今、いろんなことを考えちゃうことも、しんどいこと、つらいこともあるけど、やがて神さまが一つの形にしてくれることも、お委ねしながら考え続けられたらいいな」って、思えた一言だったんです。

朝岡　終末を考えることとは、世の人が考えるような、怖いこと恐ろしいこと、じゃなくて、やっぱり自分自身の完成でもあるし、世界の完成でもあるし。そういう神さまが与えてくださる希望のビジョンと言いますかね。そういうものですよね。

大嶋　今の日常を一つひとつをコツコツやっていくこと、汗かくこと努力することだって。ちゃんと報われて一つになっていける。

朝岡　僕ね、小さいころ、クリスマスに終末の希望と約束、実現について大事なことを学んだんですよ。

狭いんですよ。
大嶋　先生が大きいんですよ（笑）。
朝岡　一回、湯船にはまって抜けなくなって助けを呼んだことがありますけど……。
大嶋　そんなに！（笑）。

大嶋　召命と言うと、イエスさまがペテロに、お前は行きたくないところに連れて行かれるぞって箇所がありますよね（ヨハネの福音書21章18節）。僕らも、「この道を進んでいったら自分の人生うまくいくだろうな」って思ってたら、そうじゃないところに、連れて行かれるようなことが、病気になったりだとか、歳を重ねるごとにもっと出てく

大嶋　クリスマスで？（笑）。

朝岡　11月くらいになると、新聞におもちゃの広告が入るじゃないですか。両親がそれを見せて「ここから選べ！　予算○○！」って（笑）。

大嶋　サンタじゃないんですね（笑）。

朝岡　それで12月の頭には買ってきてくれて、それを床の間のタンスの上に置くんです。クリスマスまで待てと。うちは牧師家庭で、教会のクリスマスが終わらないと家のクリスマスが来ないので、26、27日とかになってようやくなんです。その間、朝に夕にタンスの上のプレゼントを見て、「クリスマスが来ればあれが……！」と、それを希望に生きるんですよ（笑）。そこから信仰の大事なことを学んだんです。希望と約束、そしてその実現を。

大嶋　深い……。

朝岡　だけど、途中に試練があって……通信簿。

大嶋　なるほど（笑）。

朝岡　でも、お父さん、お母さんは僕のこと愛してくれてるから、クリスマス

ると思うんです。そうなっていくときに、行きたくないところや、やりたくないことにも、小さく向き合っていくときに、何かしらの積み重ねがあって。イエスさまが行けって言われるところが一番なんだなってわかるようになる。

朝岡　そう思うと、自分を召してくださった方の前で、その召命に応えて、やっていくことが少しずつ深い喜びになっていきますよね。見ていてくださる方の前で自分の小さな働きをコツコツ積み上げていくことが、あとから見たときに一つの時代の区切りになることもあると思います。

になるとそのプレゼントは必ずもらえると信じてるわけですよ。希望は、約束を伴って、
それはやがて実現する……！　そういう信仰の醍醐味を学びましたね。

大嶋　すばらしい！　目の前にあるわけですよね。でもそれは届かない。

朝岡　そう。「いまだ」来ないんだけれども、「すでに」そこにある……！

大嶋　「すでに」と「いまだ」の狭間の中で……終末論！（笑）。

朝岡　**「すでに」と「いまだ」の間を生きるんです**よ。身を乗り出しながら、
希望に向かって生きるんです！　そしてそれはついに実現する！

大嶋　確かに！　来るか来ないかどうかわからんじゃなく。

朝岡　確かに来るんです！　そこで忍耐を学ぶんです。忍耐は練達を生み出し、
練達は希望を……その希望は失望に終わることがないんですよ!!

大嶋　アーメンですね!!（笑）。

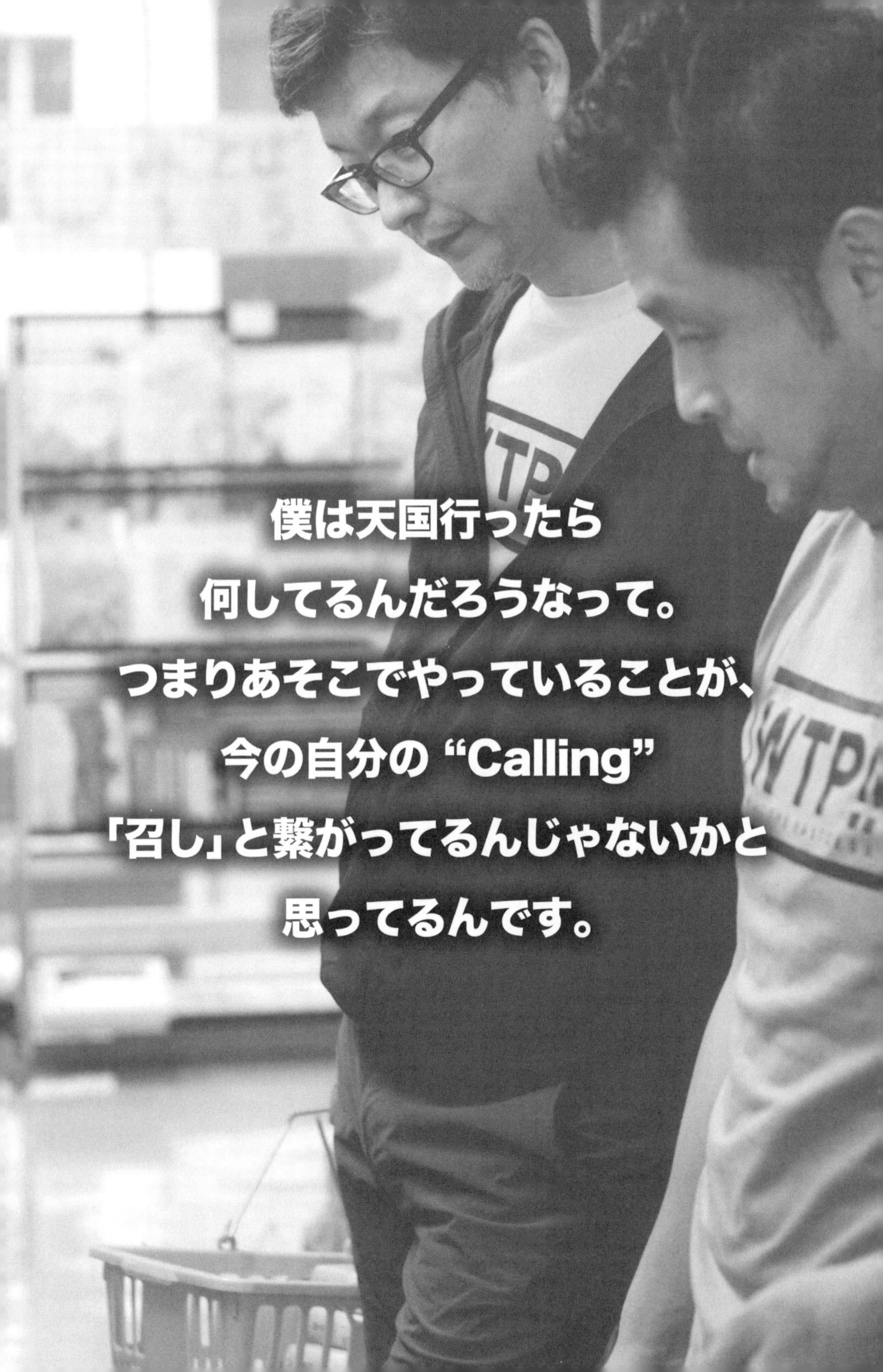

僕は天国行ったら
何してるんだろうなって。
つまりあそこでやっていることが、
今の自分の“Calling”
「召し」と繋がってるんじゃないかと
思ってるんです。

Epilogue

この本を手にしてくださったあなた。最後まで放り出さずに読んでくださってありがとうございます。ちょっと変わった本だと思います。でも楽しんでもらえたらいいな、何かのきっかけ、スイッチ、ヒントになったらいいな、そんな思いを込めて出来上がった本です。

Podcastで番組が始まるときも「え？まじで？」と思いましたが、番組をそのまま本にすると聞いて、やっぱり「え？まじで？」と思ってしまいました。月に一度、夜6時ごろにお茶の水のスタジオに集まって、簡単な打ち合わせを済ませると、大嶋さんと二人でマイクに向き合い、何がどう転ぶかわからない。ほとんどぶっつけ本番の真剣な三本勝負という、そんなスリルを毎回味わう収録でした。

『教えてパスターズ!!』。たくさんの質問が寄せられました。番組で取り上げられなかったものもありました。教えたつもりはまったくありません。むしろマイクの前で二人で「うーん」と考え込んだり、「それってあるよねぇ」とうなずきあったり、ただただ沈黙したり。いっしょに悩んで、考えて、自分もかつて励まされたり、慰められたり、戒められたり、勧められたりした、そんな言葉を思い出しながら、のびのび

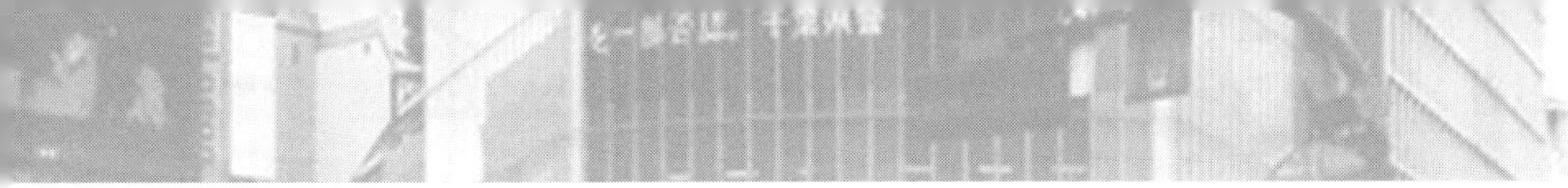

と、時には無責任（?）なほどに自由にお話をさせていただきました。

ここにあるのはもちろん「正解」ではありません。もっといい考え、もっとふさわしい言葉がたくさんあるはずです。

ですから、僕たちの願いは、この本を読んでくださった方が、新しい問いを求めて聖書に向かってくださること、思い切って教会の扉をくぐってくださること、そしてそこにいる人々と出会い、牧師たちと出会い、何よりも生きておられるイエス・キリストと出会っていただきたいということです。

最後に、ＰＢＡ太平洋放送協会の皆さん、番組の生みの親の細川開ディレクターに感謝します。書籍化にあたっては、キリスト新聞社の桑島大志さんに大変お世話になりました。祈って支えてくれているキリスト者学生会、徳丸町キリスト教会の皆さん、内輪話をネタにすることに協力してくれた大嶋家、朝岡家のみなさん、そして何よりも「7のつく日」を毎回楽しみに待っていてくださり、番組を応援してくださったリスナーのみなさんに心から感謝します。ありがとうございました。またお会いしましょう！

朝岡勝

《著者紹介》

朝岡　勝（あさおか・まさる）

1968 年、茨城県土浦市生まれ。東京基督教短期大学、神戸改革派神学校卒業。
現在、日本同盟基督教団・徳丸町キリスト教会牧師。

【著書】

『「バルメン宣言」を読む――告白に生きる信仰』、『〈あの日〉以後を生きる――走りつつ、悩みつつ、祈りつつ』、『ニカイア信条を読む――信じ、告白し、待ち望む』、『ハイデルベルク信仰問答を読む――キリストのものとされて生きる』（いずれも、いのちのことば社）、『キリストが主だから――いま求められる告白と抵抗』（共著、新教出版社）、『教会に生きる喜び――牧師と信徒のための教会論入門』ほか。

大嶋重徳（おおしま・しげのり）

1974 年、京都府福知山市生まれ。京都教育大学、神戸改革派神学校卒業。
現在、キリスト者学生会（KGK）総主事、日本福音自由教会協議会・鳩ヶ谷福音自由教会牧師。

【著書】

『おかんとボクの信仰継承』（いのちのことば社）、特定秘密保護法に反対する牧師の会編『なぜ「秘密法」に反対か』（共著、新教出版社）、『若者と生きる教会――伝道・教会教育・信仰継承』（教文館）、『自由への指針――「今」を生きるキリスト者の倫理と十戒』（教文館）、『生き方の問題なんだ。』（共著、いのちのことば社）、『朝夕に祈る 主の祈り――30 日間のリトリート』（いのちのことば社）、『若者に届く説教――礼拝・CS・ユースキャンプ』（教文館）ほか。

教えてパスターズ!!

2018 年 7 月 25 日　第 1 版第 1 刷発行
2019 年 6 月 10 日　第 1 版第 2 刷発行

著　者　朝岡　勝
大嶋 重徳

発行所　株式会社　キリスト新聞社
〒 162-0814　東京都新宿区新小川町 9-1
TEL：03-5579-2432
FAX：03-5579-2433
URL. http://www.kirishin.com/
E-Mail. support@kirishin.com
印刷所　モリモト印刷

ISBN978-4-87395-747-0　C0016（日キ販）

メディアは、人と人をつなぐ。
そして、神と人をつなぐ。
福音を伝えたい
あの人に…
初めての人にも
わかりやすい
キリスト教
エントリー番組
朝一番のビタミン
RADIO 世の光
www.radio-yonohikari.com
大嶋重徳が木曜日を担当！
Podcastでバックナンバーも聴けます。→
心にやすらぎと希望を！
TV ライフ・ライン
www.tv-lifeline.com
YouTUBEで動画がご覧になれます。→
福音を
On-Air!
教会とともに放送伝道
PBA （一財）太平洋放送協会
www.pba-net.com